AF495592

ÉTUDES

SUR

LA LOI DU 13 FÉVRIER 1889

(Renonciation à l'hypothèque légale de la femme mariée)

ET

LA LOI DU 24 JUILLET 1889

(Protection des enfants maltraités ou moralement abandonnés)

PAR

LOUIS DIDIER

AVOCAT
PROFESSEUR AGRÉGÉ A LA FACULTÉ DE DROIT DE POITIERS

———❦———

PARIS

L. LAROSE ET FORCEL

Libraires-Éditeurs

22, RUE SOUFFLOT, 22

——

1891

ÉTUDES

SUR

LA LOI DU 13 FÉVRIER 1889

(Renonciation à l'hypothèque légale de la femme mariée)

ET

LA LOI DU 24 JUILLET 1889

(Protection des enfants maltraités ou moralement abandonnés)

IMPRIMERIE
CONTANT-LAGUERRE

BAR-LE-DUC

ÉTUDES

SUR

LA LOI DU 13 FÉVRIER 1889

(Renonciation à l'hypothèque légale de la femme mariée)

ET

LA LOI DU 24 JUILLET 1889

(Protection des enfants maltraités ou moralement abandonnés)

PAR

LOUIS DIDIER

AVOCAT

PROFESSEUR AGRÉGÉ A LA FACULTÉ DE DROIT DE POITIERS

PARIS

L. LAROSE ET FORCEL

Libraires-Éditeurs

22, RUE SOUFFLOT, 22

—

1891

C.

ÉTUDE

SUR

LA LOI DU 13 FÉVRIER 1889

MODIFIANT

L'ARTICLE 9 DE LA LOI DU 23 MARS 1855.

L'article 9 de la loi du 23 mars 1855, relatif aux cessions ou renonciations faites par la femme mariée, quant à son hypothèque légale, avait eu pour but de couper court aux difficultés nées de la pratique des subrogations. Cette disposition, favorable à la sécurité des transactions, paraissait devoir éteindre les controverses qui s'étaient élevées sur la validité, les formes et la publicité des actes par lesquels la femme se dépouillait, en faveur des tiers, de son hypothèque légale. Mais le texte du législateur de 1855 allait fournir bientôt un aliment à des controverses nouvelles.

Reproduisons, d'abord, pour la clarté de l'exposition, le texte de l'article 9 de la loi de 1855, tel qu'il sortit des mains du législateur de l'époque :

« Dans le cas où les femmes peuvent céder leur hypothèque légale ou y renoncer, cette cession ou cette renonciation doit être faite par acte authentique, et les cessionnaires n'en sont saisis à l'égard des tiers que par l'inscription de cette hypothèque prise à leur profit, ou par la mention de la subrogation en marge de l'inscription préexistante.

» Les dates des inscriptions ou mentions déterminent l'ordre dans lequel ceux qui ont obtenu des cessions ou renonciations exercent les droits hypothécaires de la femme ».

Ainsi, forme authentique de la cession ou renonciation, publicité de ces actes par voie d'inscription, telles sont les deux questions résolues par le texte, grâce auquel toutes les difficultés antérieures paraissaient tranchées. Oui, si n'eût été l'équivoque attachée au terme « renonciation ». Cette expression était grosse de controverses ; elles ne tardèrent pas à naître.

Un mari aliène un de ses propres ou un immeuble commun, et la femme, dans l'acte d'aliénation ou dans un acte ultérieur, renonce expressément ou tacitement à son hypothèque légale sur le bien aliéné. Cette renonciation devait-elle être régie par l'article 9 de la loi de 1855?

On sait qu'une telle renonciation peut avoir, suivant les cas, une portée différente. En général, cette renonciation est purement abdicative, c'est-à-dire que la femme s'engage à ne pas troubler le tiers acquéreur par l'exercice de ses droits hypothécaires : c'est une promesse d'abstention. Mais il est un cas où l'acquéreur est intéressé à voir dans la renonciation de la femme non une simple extinction du droit hypothécaire, mais une subrogation, en sa faveur, dans les droits de la renonçante. C'est lorsque l'immeuble acquis est grevé, en dehors de l'hypothèque de la femme, d'autres hypothèques primées par celle-ci. En effet, dans l'ordre qui pourra s'ouvrir sur la poursuite de ces créanciers hypothécaires du mari, si l'acheteur, que nous supposons avoir payé le prix en totalité ou en partie, n'était pas colloqué au rang occupé par la femme, il risquerait de perdre et la chose et le prix. Il y a alors renonciation translative.

Ce double caractère de la renonciation étant connu, faut-il dire que la renonciation consentie par la femme au tiers acquéreur est assujettie aux règles de l'article 9? Pour la renonciation translative qui équivaut à une cession, l'affirmative a été admise sans trop de difficulté. Mais que décider dans le cas le plus général où la renonciation est simplement abdicative? Et d'abord, mettons nettement en lumière l'intérêt de la question.

Au moment de l'aliénation faite par le mari, il n'y a pas d'hypothèque inscrite sur l'immeuble, qui est seulement grevé de l'hypothèque générale et occulte

de la femme. L'acquéreur qui a obtenu la renonciation de la femme fait transcrire son titre d'acquisition
et verse le prix entre les mains du mari, avec le consentement de la femme. Postérieurement à la transcription, la femme subroge des créanciers dans ses
droits d'hypothèque générale. Ces créanciers pourront-
ils agir contre le tiers acquéreur qui a pensé jouir
d'une sécurité absolue, dans l'avenir, du moment que
la femme a consenti à l'aliénation, au paiement du
prix, et qu'il y a eu transcription opérée? Ils le pourront, si la renonciation même extinctive ou abdicative
est soumise aux règles de publicité prescrites par l'article 9, l'acquéreur ayant usé seulement de la transcription.

C'est en ce sens que se prononça la Cour de Lyon
par un arrêt du 22 décembre 1863, confirmé par la
Cour suprême (S. 1867, 1, 9). Ce fut le signal d'une
panique générale dans le monde des affaires, la pratique notariale s'étant toujours bornée à la transcription du titre d'acquisition. Une telle jurisprudence
menaçait gravement les acquisitions faites depuis
1855, et, d'autre part, les acquéreurs seraient obligés, désormais, pour échapper à tout danger d'éviction, de recourir, en dépit de la renonciation de la
femme, à la procédure dispendieuse de la purge dans
les conditions prévues par les articles 2194 et 2195
du Code civil. Et si l'on remarque que, chaque année,

il y a, en moyenne, 800,000 ventes dont le prix n'excède pas 200 francs, on voit que les frais de purge allaient doubler le prix d'achat.

Ces petits acquéreurs reculent-ils devant ce procédé coûteux, il faut alors que, grevant leur propre immeuble d'une hypothèque, ils prennent et conservent l'inscription prescrite par l'article 9, ce qui leur permettra bien, le cas échéant, de recouvrer le prix d'achat, mais ce qui leur laisse courir les risques d'une éviction.

Telles étaient les graves conséquences de l'arrêt de la Cour de Lyon : point de sécurité pour les acquéreurs, ou la sécurité dans des conditions fort onéreuses.

Le notariat tout entier, dont la responsabilité se trouvait ainsi engagée, adressa aussitôt de nombreuses pétitions au gouvernement impérial, pour réclamer une interprétation législative de l'article 9. Se faisant l'écho des besoins de la pratique, les notaires demandaient que l'on déclarât éteinte, du jour de la transcription de l'acte, l'hypothèque de la femme qui y avait renoncé au moment de l'aliénation ; si la renonciation était postérieure, l'extinction daterait du jour où la mention de la renonciation serait opérée en marge de la transcription.

La loi du 13 février 1889 est venue, enfin, donner la satisfaction depuis si longtemps réclamée et atten-

due. Ajoutons, pour rendre justice au législateur, que
si plus d'un quart de siècle s'est écoulé depuis l'arrêt
de la Cour de Lyon, il a voulu, dans le texte législatif, statuer non seulement sur la difficulté précitée,
mais sur d'autres encore qui s'étaient ensuite révélées,
de manière à rassurer le crédit, en fermant l'ère des
controverses. Elargissant le cadre primitif de la question, il a tâché d'embrasser toutes les questions déli-
cates que peut soulever la renonciation abdicative ou
translative faite par la femme à son hypothèque légale
au profit de l'acquéreur d'immeubles grevés de cette
hypothèque.

Voici le texte de la loi nouvelle :

Article unique. — Il sera ajouté à l'article 9 de la
loi du 23 mars 1855 une disposition ainsi conçue :

« La renonciation par la femme à son hypothèque
légale au profit de l'acquéreur d'immeubles grevés de
cette hypothèque en emporte l'extinction et vaut purge
à partir, soit de la transcription de l'acte d'aliénation,
si la renonciation y est contenue, soit de la mention
faite en marge de la transcription de l'acte d'aliénation, si la renonciation a été consentie par acte authentique distinct.

» Dans tous les cas, cette renonciation n'est valable et ne produit les effets ci-dessus que si elle est
contenue dans un acte authentique.

» En l'absence de stipulation expresse, la renonciation par la femme à son hypothèque légale ne pourra résulter de son concours à l'acte d'aliénation que si elle stipule, soit comme covenderesse, soit comme garante ou caution du mari.

» Toutefois, la femme conserve son droit de préférence sur le prix, mais sans pouvoir répéter contre l'acquéreur le prix ou la partie du prix par lui payé de son consentement et sans préjudice du droit des autres créanciers hypothécaires.

» Le concours ou le consentement donné par la femme, soit à un acte d'aliénation contenant quittance totale ou partielle du prix, soit à l'acte ultérieur de quittance totale ou partielle, emporte même, à due concurrence, subrogation à l'hypothèque légale sur l'immeuble vendu, au profit de l'acquéreur, vis-à-vis des créanciers hypothécaires postérieurs en rang ; mais cette subrogation ne pourra préjudicier aux tiers qui deviendraient cessionnaires de l'hypothèque légale de la femme sur d'autres immeubles du mari, à moins que l'acquéreur ne se soit conformé aux prescriptions du paragraphe 1er du présent article.

» Les dispositions qui précèdent sont applicables à la Guadeloupe, à la Martinique et à la Réunion ».

Avec une addition de cette étendue, l'article 9 de la loi de 1855 sera, croyons-nous, la plus longue des dispositions de nos lois civiles. Eu égard à la multiplicité des questions résolues par la loi nouvelle, nous jugeons utile de présenter l'économie générale de la loi, avant d'en aborder le développement.

L'objet direct et principal de cette loi est la solution de la difficulté soulevée par le célèbre arrêt de la Cour de Lyon. Conformément aux vœux exprimés, le législateur décide que la renonciation de la femme emporte l'extinction de son hypothèque et vaut purge à partir de la transcription ou de la mention faite en marge, selon que la renonciation est concomitante à l'aliénation ou qu'elle se produit ultérieurement.

La question principale étant résolue, deux points particuliers ont attiré l'attention du législateur : le concours de la femme à l'acte d'aliénation vaut-il renonciation tacite? Tacite ou expresse, la renonciation peut-elle se manifester dans tout acte, authentique ou sous seing privé, ou faut-il l'authenticité?

Sur le premier point, qui n'avait pas soulevé de difficultés sérieuses, la loi adopte une règle restrictive, le concours de la femme ne vaudra renonciation que si elle stipule comme covenderesse, garante ou caution.

Sur le second point, qui, lui, avait amené des divergences profondes, en doctrine et en jurisprudence, on décide que la renonciation doit être contenue dans un acte authentique.

Revenons à la question principale. Lorsque la loi prononce l'extinction de l'hypothèque de la femme,

par suite de sa renonciation, il faut bien s'entendre
sur la portée de cette extinction. La femme a fait,
expressément ou tacitement, une promesse d'abstention; elle ne troublera pas le tiers acquéreur, c'est-à-
dire elle renonce au *droit de suite* que lui conférait
son hypothèque. Quant au *droit de préférence* de la
femme, qui met en jeu, non plus le tiers acquéreur,
mais les divers créanciers ayant des droits sur l'immeuble, il subsiste entièrement. Ce maintien du droit
de préférence, sur lequel les tribunaux s'étaient diversement prononcés, est consacré par la loi nouvelle.
Il en résulte que le tiers acquéreur, pour payer vala-
blement son prix entre les mains du mari, doit obtenir le consentement de la femme au paiement effectué.

Conséquemment, la femme qui a consenti au paiement total ou partiel, a renoncé, dans cette mesure,
à son droit de préférence, et l'acquéreur est en sûreté.
Le texte ajoute que cet abandon du droit de préférence aura lieu « sans préjudice du droit des autres
créanciers hypothécaires ».

Quels sont les autres créanciers hypothécaires? Ce
sont les créanciers, dont nous avons parlé précédemment, qui, inscrits sur l'immeuble vendu, étaient primés par la femme. Leur situation ne doit être changée
ni en mal ni en bien, par suite de ce qui a pu être
convenu entre la femme et le tiers acquéreur.

Elle serait changée et deviendrait pire, si, dans

l'ordre ouvert pour la distribution du prix de vente, la femme pouvait être colloquée, sans que sa collocation fût amoindrie par un paiement partiel qu'elle a autorisé. Les créanciers postérieurs subiraient un préjudice, dans le cas où ce qui reste à distribuer du prix ne suffirait pas à les désintéresser. Il ne peut en être ainsi; il sera donc tenu compte, dans la collocation de la femme, de la renonciation par elle faite quant à son droit de préférence, et elle ne sera colloquée que pour l'excédent.

D'autre part, il pourrait arriver que la situation de ces créanciers postérieurs se trouvât améliorée par la renonciation de la femme. En effet, l'acquéreur ayant payé la totalité ou une partie du prix, ils poursuivent l'expropriation de l'immeuble et, dans l'ordre, prétendent venir les premiers, l'hypothèque légale de la femme ayant été éteinte. Leur raisonnement est exact, si l'on s'en tient à l'idée d'une renonciation purement abdicative. Mais une pareille prétention sacrifierait le tiers acquéreur qui, en obtenant la renonciation de la femme, avait voulu se constituer une garantie. Or, il arriverait que sa prudence se retournerait contre lui et profiterait aux créanciers hypothécaires primés par la femme!

Nous avons dit qu'en pareil cas la renonciation de la femme était considérée comme translative. C'est encore là un principe posé par la loi nouvelle. Il y a subrogation légale de l'acquéreur aux droits de la femme dans la mesure du prix payé. ·

Cette subrogation sera opposable aux créanciers hypothécaires postérieurs en rang, sans que l'acquéreur ait à remplir pour cela aucune formalité, le contrat intervenu entre la femme et l'acquéreur ne devant ni leur nuire ni leur profiter.

Mais cette subrogation serait, au contraire, soumise à la publicité prescrite par l'article 9 de la loi de 1855, lorsque l'acquéreur voudrait l'opposer à des cessionnaires ultérieurs des droits de la femme. Ici, en effet, nous sommes dans le domaine propre de cet article : subrogations successives à l'hypothèque légale.

Telle est l'économie générale de la loi nouvelle. Il ne faudra pas perdre de vue cette idée que toutes les dispositions se rattachent à une disposition principale qui fait l'objet du premier alinéa. La loi a été faite en vue d'un cas particulier, et ses divers paragraphes ne sont que le développement de l'espèce envisagée. On verra, par la suite, l'importance de cette proposition.

Maintenant que nous connaissons les motifs et les dispositions de la loi du 13 février 1889, nous pouvons aborder le commentaire. Nous étudierons successivement les formes — les conditions de publicité — et les effets de la renonciation consentie par la femme.

I.

Formes de la renonciation.

Et d'abord, rappelons que la renonciation peut être contemporaine de l'acte d'aliénation, ou se produire *ex post facto,* dans un acte de quittance, par exemple, ou dans un acte qui aura exclusivement pour objet cette renonciation. Pas de difficultés, croyons-nous, sur ce point.

Envisagée en elle-même, la renonciation peut être expresse ou tacite. Expresse, quand la femme s'explique directement, en des termes qui, d'ailleurs, n'ont rien de sacramentel, sur l'abandon qu'elle consent. Quant à la renonciation tacite, elle résulte d'actes qui n'ont pas directement trait à la renonciation, mais qui la font implicitement présumer. Ainsi, avant la loi nouvelle, on considérait que le concours de la femme à l'acte d'aliénation valait renonciation, à moins que sa présence pût s'expliquer autrement.

Cette règle n'a pas été admise par la loi du 13 février 1889, qui a limitativement indiqué dans quels cas le concours de la femme à l'acte d'aliénation em-

porterait renonciation ; il faut que la femme ait stipulé
« soit comme covenderesse, soit comme garante ou
caution du mari ».

On conçoit, dans une certaine mesure, les motifs
qui ont poussé le législateur à donner cette interprétation restrictive. Le rapporteur de la loi au Sénat les
a développés dans la première délibération (*J. O.*,
7 février 1888, Sénat, p. 108 et 116). Que voulons-
nous faire? dit-il. Fermer la porte aux contestations,
aux procès : « nous voulons, tout en donnant des
garanties à la femme, sauvegarder les droits des tiers
acquéreurs et de ceux qui traitent avec la femme »
(p. 116, col. 3).

On a trouvé là, d'abord, une garantie pour la
femme qui aurait pu figurer au contrat, sans y attacher d'importance, sans se douter qu'elle compromet-
tait ainsi ses droits hypothécaires. Mais quand elle
joue le rôle de covenderesse, garante ou caution, il y
a un engagement ferme de sa part, dans lequel *on
peut voir* une renonciation tacite à l'hypothèque légale.

Nous disons on *peut* voir, car, en droit, il n'y
aurait rien de contradictoire à décider que la femme,
tout en s'obligeant personnellement envers l'acquéreur, n'est pas dépouillée de son hypothèque sur l'immeuble (Conf., note de M. Bufnoir, sous Cass., 22 nov.
1880, S. 81, 1, 473). En effet, malgré l'obligation
contractée par la femme, la persistance de l'hypo-

thèque aurait pour effet de maintenir dans son inté-
grité son crédit hypothécaire.

Et tel eût été le résultat obtenu, si le législateur
poussant à l'extrême l'idée de garantir la femme contre
les renonciations qu'elle n'aurait pas formellement
consenties, avait admis la nécessité d'une renonciation
expresse. En vain, dirait-on, que celui qui doit garantir ne pouvant évincer, le maintien de l'hypothèque
de la femme ne lui serait d'aucune utilité, étant donnée son obligation personnelle. Il est bien vrai que la
femme ne pourrait user de son action hypothécaire
contre l'acquéreur; mais un créancier ultérieurement
subrogé par la femme serait en droit d'agir contre lui,
car ce créancier, ayant cause particulier de la femme,
n'est pas tenu des obligations de cette dernière.

Revenons aux motifs qui ont décidé le législateur à
définir la renonciation tacite de la femme. Pour
celle-ci, donc, on a voulu la prémunir contre les
renonciations qu'elle aurait pu ne pas entrevoir. Quant
au tiers acquéreur, il saura ainsi, d'une façon précise,
dans quel cas l'intervention de la femme au contrat
vaut renonciation en sa faveur. Enfin, toute équivoque
disparaîtra aussi lorsque, par la suite, les créanciers
voudront se faire subroger à l'hypothèque légale de la
femme; ils sauront dans quelle mesure la femme a,
déjà, par des renonciations, diminué les sûretés qu'elle
pouvait donner en gage.

Cette disposition de la loi nouvelle a été énergiquement combattue, au Sénat, par M. Léon Clément (*J. O.*, 7 févr. 1888, Sénat, p. 114-116), comme inutile et dangereuse. Inutile, parce que la renonciation résultant du concours de la femme à l'acte n'avait jamais soulevé de difficultés, en doctrine et en jurisprudence ; dangereuse, car, en venant restreindre le pouvoir d'appréciation des juges du fait, elle pourra donner naissance à des controverses qui n'existaient pas auparavant.

Enfin, l'honorable sénateur ajoutait que cette disposition établirait un disparate dans l'économie de l'article 9. Tandis, en effet, que la femme pourra renoncer d'une manière tacite quelconque, vis-à-vis d'un créancier hypothécaire du mari (hypothèse régie par l'article 9 tel qu'il fut voté en 1855), au contraire, vis-à-vis d'un acquéreur, la renonciation tacite résultant du concours de la femme ne pourra s'induire que des trois faits prévus par la loi nouvelle. Or, quelle raison y a-t-il pour distinguer? Un acquéreur n'est-il pas aussi favorable qu'un bailleur de fonds?

Il faut reconnaître, en effet, que cette disposition a rompu l'harmonie, l'homogénéité de l'article 9. La solution qui avait été donnée à cette question par la Chambre des députés était préférable. « En l'absence de stipulations contraires, disait-on, la renonciation résulte du concours de la femme à l'acte d'aliénation ».

Cette rédaction avait, comme celle que le Sénat a fait prévaloir, l'avantage de donner toute sécurité aux tiers, en ne laissant pas de place au doute; et les droits de la femme ne risquaient pas d'être sacrifiés à la légère, car une disposition finale du projet obligeait le notaire qui dressait l'acte d'aliénation à donner lecture à la femme du texte législatif, à peine de 20 francs d'amende.

Quoi qu'il en soit, le législateur exige de la femme un concours *qualifié* à l'acte d'aliénation, pour qu'on puisse y voir une renonciation tacite. Nous montrerons dans notre § 3 comment cette définition restrictive est susceptible d'engendrer des difficultés dans le commentaire même de la loi nouvelle. Posons, d'ores et déjà, en principe, que la limitation donnée au concours de la femme doit répugner à toute interprétation extensive.

Nous avons étudié jusqu'ici la renonciation en elle-même. Il faut dire maintenant quelle doit être la forme de l'acte dans lequel la renonciation se produira. C'est là un des points importants sur lesquels a statué la loi du 13 février 1889.

Nous arrivons ainsi à la seconde face de la question sur le point de savoir si la renonciation de la femme vis-à-vis d'un tiers acquéreur est soumise à l'article 9 de la loi de 1855. En faisant l'histoire, en quelque sorte, de la loi de 1889, nous avons envisagé un premier côté du problème, quant aux conditions de publicité. Il faut nous demander maintenant en quelle forme la renonciation doit être faite : l'authenticité prescrite par l'article 9 est-elle ici nécessaire?

Oui, a répondu la Cour de Lyon, par un arrêt du 6 mars 1880, confirmé par un arrêt de rejet du 22 novembre de la même année (S. 81, 1, 473).

« ... Considérant, dit la Cour de Lyon, que le texte de l'article 9 est aussi formel que possible; qu'il annule toute cession de l'hypothèque légale, toute renonciation à cette hypothèque qui ne seraient pas contenues dans un acte authentique; que la loi ne distingue pas entre les renonciations extinctives, par exemple dans le cas où il n'existe sur l'immeuble vendu que la seule hypothèque légale de la femme, et les renonciations translatives dans le cas où l'immeuble est grevé de plusieurs hypothèques conventionnelles et où la femme, pour garantir complètement son acquéreur, doit lui transmettre son hypothèque privilégiée... » ;

» ... Attendu, dit la Chambre des requêtes, que les termes de l'article 9 sont impératifs et ont pour effet de donner à l'acte par lequel la femme cède son hypothèque légale ou y renonce le caractère d'un acte solennel, conséquemment nul quand il se produit en dehors des formes prescrites...; que l'authenticité exigée par la loi est destinée à protéger la femme contre les abus de l'autorité maritale... ».

La solution donnée en 1880 par la Cour de Lyon est en parfaite harmonie, ainsi que le remarque M. Bufnoir (*loc. cit.*), avec la jurisprudence de cette même Cour, telle qu'elle se dégage de l'arrêt du 22 décembre 1863. Bien que, dans les deux espèces, il fût question d'une renonciation translative, la Cour de Lyon a énergiquement affirmé dans ses deux arrêts qu'elle entendait soumettre les renonciations extinctives ou translatives aux conditions de forme et de publicité prescrites par l'article 9.

Tandis que la Cour de Lyon exigeait pour la renonciation un acte authentique, ainsi que l'avait fait précédemment le Tribunal de Bourganeuf, par un jugement du 27 février 1869 (S. 1869, 2, 88), au contraire, la Cour de Dijon, par un arrêt du 4 août 1880 (S. 80, 2, 323), admettait, pour le cas de renonciation abdicative, que l'article 9 ne devait s'appliquer ni quant à la forme ni quant à la publicité de la renonciation.

La nécessité d'une interprétation législative s'imposait. La loi du 13 février 1889, après avoir admis dans son paragraphe 1er que la renonciation extinctive n'est pas assujettie aux règles de publicité de l'article 9, contrairement à la jurisprudence de la Cour de Lyon, et que la simple transcription est suffisante, a accepté

la thèse de cette Cour au point de vue de l'authenticité de la renonciation. Le paragraphe 2 décide que
« dans tous les cas (renonciation dans l'acte d'aliénation ou dans un acte postérieur), cette renonciation
n'est valable et ne produit les effets ci-dessus que si
elle est contenue dans un acte authentique ».

Il n'y a rien de contradictoire à soumettre, d'une
part, la renonciation extinctive à la formalité de l'acte
authentique, et à la dispenser, d'autre part, de la
publicité organisée par l'article 9, remplacée ici par la
transcription. Nous nous rattachons, en effet, à l'opinion des auteurs qui ont vu dans l'authenticité prescrite par l'article 9, non pas une application de l'article 2127 du Code civil, une condition nécessaire pour
permettre l'inscription visée par le même article 9,
mais une garantie organisée en faveur de la femme,
dans un but de protection vis-à-vis du mari.

Si tout le monde, à la Chambre des députés et au
Sénat, a accepté sans difficulté le principe du projet de
loi, à savoir que la transcription vaudrait purgé de
l'hypothèque légale, on ne s'est pas accordé aussi facilement sur la question de l'authenticité de la renonciation.

Tandis que le projet voté par la Chambre exigeait
toujours l'authenticité, que la renonciation eût lieu
dans l'acte d'aliénation ou dans un acte postérieur, le
projet présenté par la commission du Sénat faisait une

distinction. Si la renonciation était concomitante à l'acte d'aliénation, peu importait la forme de l'acte ; l'authenticité n'était exigée que pour la renonciation ultérieure.

M. Léon Renault présenta un amendement au projet de la commission, pour exiger, dans tous les cas, l'authenticité de la renonciation. La commission sénatoriale le repoussa une première fois, mais déclara s'y rallier entre la première et la deuxième délibération.

Cet amendement est passé dans la loi, mais la rédaction actuelle du paragraphe 1ᵉʳ porte encore la trace du système éclectique admis en premier lieu, puisque, après avoir parlé de l' « acte d'aliénation », sans épithète, il finit par les mots « acte *authentique* distinct, » qualificatif qui aurait dû disparaître après l'adoption de l'amendement.

Le système éclectique proposé était-il acceptable ? Il a été défendu jusqu'au dernier moment par M. Léon Clément (*J. O.,* 30 oct. 1888, Sénat, p. 1394 et 1395), dont l'argumentation nous a paru bien plus forte quand il montre les inconvénients attachés à la nécessité de faire les aliénations par acte authentique, que lorsqu'il essaie d'établir la raison de distinguer entre la renonciation concomitante et ultérieure.

Il ne faut pas se dissimuler, en effet, que la règle de l'authenticité, admise par la loi, imposera une gêne et des frais aux parties, surtout lorsqu'on songe au grand nombre de petites ventes qui se font quotidiennement. Mais la solution radicale qui a prévalu a le double avantage d'être logique, d'abord, et en harmonie, d'autre part, avec l'article 9 de la loi de 1855.

D'ailleurs, il ne faut rien exagérer quant aux frais que nécessitera l'intervention du notaire. Rien n'empêchera les parties de faire l'aliénation par acte sous seing privé et d'user seulement de l'acte authentique pour la renonciation. Au surplus, si l'on veut la fin, il faut vouloir les moyens. Et du moment que l'on pose comme principe qu'il est bon d'entourer de garanties les renonciations de la femme, on doit nécessairement subir les conséquences de ce principe.

Nous avons admis, avec la généralité des auteurs, que l'authenticité exigée par l'article 9 répondait à une pensée de protection pour la femme. Nous approuvons, par suite, la même décision formulée par la loi nouvelle.

On aurait pu comprendre un troisième système aux termes duquel la renonciation abdicative n'aurait pas été soumise à l'authenticité, qu'elle fût concomitante ou postérieure à l'acte d'aliénation, l'article 9 ne se référant, dans son esprit et dans sa lettre même, qu'aux renonciations translatives. Mais une objection se présentait : pourquoi protéger la femme dans un cas et non dans l'autre?

Le cadre de notre travail ne nous permet pas de passer successivement en revue tous les arguments qui ont été fournis, dans un sens et dans l'autre, et par M. Léon Clément, défendant le projet primitif de la commission, et par M. Trarieux soutenant le texte de l'amendement définitivement adopté par la même commission (*J. O.*, 30 oct. 1888, Sénat, p. 1393 et 1394).

Nous insisterons sur un point seulement. On a dit, reproduisant une objection souvent faite (M. Labbé, *Rev. crit.*, 1881, p. 341; M. Bufnoir, *loc. cit.*), que la femme ne serait nullement protégée par la nécessité de l'acte authentique. Elle pourra toujours s'obliger en qualité de covenderesse ou garante dans un acte d'aliénation sous seing privé, en sorte que le but de la loi ne sera pas atteint. Au contraire, on aura, en quelque sorte, lâché la proie pour l'ombre, car, en renonçant à son hypothèque légale, la femme se dépouille d'un droit qui peut-être ne lui appartiendra pas, par la suite, et qui souvent ne lui sera d'aucune utilité, tandis que, par son obligation, elle est liée et exposée à l'action en garantie de l'acquéreur évincé.

Il est vrai, mais il est possible que la femme qui aurait facilement renoncé à son hypothèque, n'accepte pas aussi facilement et légèrement le biais dangereux qu'on lui propose; la gravité de l'obligation contractée pourra la faire réfléchir.

Enfin, notre réponse dernière sera toujours la même : du moment que l'on veut prémunir la femme contre des renonciations irréfléchies à son hypothèque légale, il faut admettre ce principe jusqu'au bout.

Nous savons en quelle forme la renonciation doit être faite. Les conditions de publicité de la renonciation ne nécessiteront que de brefs développements.

II.

Conditions de publicité.

On sait assez, par ce qui précède, que c'est là le point principal que le législateur a eu en vue. Le paragraphe 1ᵉʳ dispose que la renonciation de la femme à son hypothèque « en emporte l'extinction et vaut purge, à partir soit de la transcription de l'acte d'aliénation, si la renonciation y est contenue, soit de la mention faite en marge de la transcription de l'acte d'aliénation, si la renonciation a été consentie par acte authentique distinct ».

Grâce à l'accomplissement de ces formalités, l'acquéreur n'aura rien à craindre des subrogations que la femme pourra consentir ultérieurement, dans l'hypothèse où il s'agit d'une renonciation abdicative. Quant à la publicité imposée à l'acquéreur, lorsque la renonciation est translative, nous en parlerons dans le paragraphe suivant, en étudiant les effets de la renonciation, et particulièrement le maintien du droit de préférence de la femme sur le prix d'aliénation.

Nous avons eu occasion de dire que le principe formulé dans le paragraphe 1er avait rallié tous les suffrages dans les Assemblées législatives. Indiquons toutefois les points particuliers sur lesquels on a discuté.

Prenons, d'abord, une renonciation contenue dans l'acte d'aliénation. Il a été admis, sans discussion, que la transcription de l'acte d'aliénation vaudrait purge de l'hypothèque légale. Les tiers qui traiteront avec la femme devront consulter, désormais, le registre des transcriptions, et verront si la femme a renoncé expressément ou tacitement à son hypothèque légale. On a passé outre à deux propositions faites au Sénat : l'une tendant, par assimilation avec l'article 2108 du Code civil, à obliger le conservateur des hypothèques à inscrire d'office l'hypothèque légale de la femme, en mentionnant en marge la renonciation de cette dernière, — l'autre imposant à l'acquéreur, quand il fait transcrire son acte, l'obligation de mentionner en marge la renonciation de la femme.

Si la renonciation est postérieure à l'acte d'aliénation la loi prescrit une mention en marge de la transcription préexistante. On a repoussé un système soutenu par quelques membres du Sénat, et d'après lequel la publicité aurait dû être faite sur le registre des inscriptions, car il s'agit ici d'une mainlevée donnée par la femme dont l'hypothèque n'a pas été atteinte par l'aliénation.

Tout en reconnaissant la justesse de l'observation, en droit (elle est cependant contestable), on a fait remarquer (*J. O.*, 7 février 1888, Sénat, p. 111 et 112) que ce procédé entraînerait des frais pour l'acquéreur et des complications d'écritures dangereuses pour la bonne tenue des registres hypothécaires.

Il serait superflu d'insister sur l'importance pratique de la solution donnée par la loi, quant au mode de publicité jugé nécessaire mais suffisant pour garantir le tiers acquéreur. Recherchons plutôt quelle est la valeur juridique de l'innovation législative.

S'il s'agit d'une renonciation par acte distinct, on a paru reconnaître, dans la discussion, que les principes auraient exigé l'usage du registre des inscriptions. Il n'en est rien, car « la loi ne suppose pas qu'une radiation puisse être utilement faite relativement à une hypothèque non inscrite » (M. Labbé, *loc. cit.*, p. 338). Puis, nous savons que le droit de suite seul est éteint par la renonciation de la femme; cette disparition du droit de suite ayant pour effet de consolider la propriété de l'acquéreur, il est naturel, a-t-on dit, que la mention soit faite sur le registre des transcriptions (*J. O.*, 7 février 1888, Sénat, p. 112, col. 2).

Arrivons au cas, plus général, où la renonciation sera contenue dans l'acte d'aliénation. Sans énumérer tous les arguments par lesquels on a péremptoirement établi que la transcription devait rendre le droit de l'acquéreur opposable à des cessionnaires ultérieurs (M. Labbé, note sous Lyon, 22 déc. 1863, *Journ. Pal.*, 1864, 231 ; *Rev. crit.*, 1881, p. 336-339 ; consultation des notaires de Beaune, reproduite en note, S. 1880, 2, 149), nous relaterons celui que M. Bufnoir (*loc. cit.*) considère comme décisif. Il consiste dans une interversion de rôles, en quelque sorte, entre l'acquéreur et les cessionnaires ultérieurs.

De quel droit m'attaquez-vous, dira l'acquéreur aux subrogés qui le poursuivent? Vous prétendez que la renonciation que j'ai obtenue n'est pas valable, parce que je ne me suis pas conformé à l'article 9, quant au mode de publicité? Mais il y a une chose que vous ne me contesterez pas, c'est ma qualité de propriétaire. Je suis propriétaire, j'ai fait transcrire mon titre, et à ce moment il n'y avait pas d'hypothèque inscrite sur l'immeuble ; je suis protégé par l'article 6 de la loi de 1855. Si vous m'objectez que cet article ne renvoie pas à l'article 2121 du Code civil, je vous demande en quelle qualité vous agissez. Est-ce en votre nom propre, en vertu de l'article 9 de la loi 1855? Je vous réponds que

je suis un *tiers*, et que vous ne pouviez être saisi vis-à-
vis de moi que par l'inscription dont parle ce texte ;
entre vos mains, l'hypothèque légale de la femme n'est
plus dispensée d'inscription ; or, votre inscription est
postérieure à ma transcription, je ne vous connais pas.
Si vous prétendez agir *au nom de la femme,* son droit
est la mesure du vôtre, or elle a renoncé à son hypothèque.

C'est en affirmant énergiquement sa qualité de tiers,
dans les termes de l'article 9, dit M. Bufnoir, que l'acquéreur repoussera les subrogés ultérieurs qui le poursuivent. Nous acceptons entièrement cette manière de
voir, et nous établissons ainsi que la solution du paragraphe 1er de la loi nouvelle, si conforme aux besoins
de la pratique, est en concordance parfaite avec les
principes.

La publicité par la transcription, suffisante au cas
de renonciation abdicative, le sera-t-elle aussi dans
le cas de renonciation translative? C'est un point qui
va être examiné dans notre dernier paragraphe.

III.

Effets de la renonciation.

Ils sont indiqués dans les deux derniers alinéas de
la loi.

Nous savons en quel sens il faut entendre l'extinction de l'hypothèque légale de la femme résultant de
sa renonciation. Cette hypothèque n'est pas anéantie,
quant au droit de suite et quant au droit de préférence qui en découlent. Seul, le droit de suite dispa-
raît : tel est l'effet produit par la renonciation.

Par conséquent, le droit de préférence de la femme
subsiste sur le prix d'aliénation. Ce principe, admis
en jurisprudence, avait soulevé certaines difficultés
dans son application. La loi nouvelle s'est proposée de
les trancher. « Toutefois, dit-elle, la femme conserve
son droit de préférence sur le prix [1], mais sans pou-

----

(1) Le projet primitif de la commission sénatoriale avait ajouté
« ... conformément aux articles 717 et 772 du Code de procédure
civile. » Sur les observations de M. Lacombe (*J. O.*, 8 févr. 1888,
Sénat, p. 122 et 123), le renvoi à l'article 772 fut supprimé ; l'autre
renvoi fut également supprimé par la commission : « La femme, dit

voir répéter contre l'acquéreur le prix ou la partie du prix par lui payé de son consentement... »

Ainsi quand la femme autorise l'acquéreur à payer entre les mains du mari, elle fait abandon de son droit de préférence, consommant ainsi la ruine de son hypothèque dépouillée du droit de suite.

Arrêtons-nous un peu sur cette opération. La loi ne disant pas de quelle façon la femme doit consentir au paiement, il en résulte que ce consentement peut être exprès ou tacite, se produire *hic et nunc* ou *ex post facto,* dans un acte authentique ou sous seing privé. Il faut naturellement, mais il suffit que la femme donne un consentement valable, c'est-à-dire avec autorisation du mari ou de justice.

Il y a cependant une double difficulté que nous paraît soulever le maintien du droit de préférence de la femme : la première de ces difficultés est relative à la forme de l'acte par lequel la femme peut perdre ce droit, la seconde concerne une question de publicité.

Et d'abord, quant au premier point, nous venons de dire que le consentement donné par la femme au paiement du prix pourra se manifester dans un acte authentique ou sous seing privé, la loi étant muette à

le rapport supplémentaire (*J. O.*, 30 août 1888, Sénat, Ann., p. 314) est investie d'un droit dont elle usera dans les conditions et suivant la procédure qui lui seront indiquées par les circonstances. »

cet égard. Est-ce bien exact? Ne pourrait-on pas soutenir que la quittance où la femme participe doit être authentique? On raisonnerait de la façon suivante. La femme, par sa renonciation dans l'acte d'aliénation n'a perdu que le droit de suite attaché à son hypothèque; elle conserve son droit de préférence et pourrait en disposer en faveur d'un tiers qui le ferait valoir sur le prix.

Cette cession serait, il nous semble, soumise aux règles de l'article 9 et particulièrement à la condition d'authenticité. Pourquoi cette authenticité ne serait-elle pas également requise lorsque, en consentant au paiement du prix entre les mains du mari, la femme se dépouille de ce même droit de préférence? Si l'authenticité est nécessaire pour que la femme perde le droit de suite, *a fortiori* l'est-elle, ajouterait-on, quand il s'agit de l'abandon du droit de préférence, attribut principal de l'hypothèque.

Quoique spécieux, ce raisonnement ne nous paraît pas acceptable. Écartons d'abord l'analogie tirée d'une cession de son droit de préférence faite par la femme. Nous l'avons dit, l'article 9 de la loi de 1855 a été écrit pour les cessions ou les renonciations translatives, et désormais, avec la loi nouvelle, il n'aura plus d'autre champ d'application. Or, quand la femme consent au paiement du prix, il y a extinction et non translation du droit de préférence.

Quant à l'argument *a fortiori*, nous le repoussons en observant que le consentement donné par la femme au paiement du prix est le corollaire, en quelque sorte, de la renonciation qu'elle a faite dans l'acte d'aliénation. L'attention de la femme sera suffisamment éveillée par les conditions dans lesquelles elle intervient dans cet acte ; ce serait, croyons-nous, pousser outre mesure l'idée de protection, que demander un acte authentique pour la manifestation du consentement au paiement du prix.

La seconde difficulté dont nous voulions parler nous semble plus sérieuse. Elle résulte de ce fait que la loi ne prescrit aucun mode de publicité pour prévenir les tiers de la perte du droit de préférence ; en sorte que la publicité de l'extinction de l'hypothèque légale se trouve incomplète. Il y a bien une publicité organisée quant à la perte du droit de suite ; il n'y en a pas pour la disparition du droit de préférence. Il est vrai qu'il y aurait fraude de la part de la femme à vouloir céder un droit de préférence qu'elle n'a plus, quand elle a accepté le paiement ; mais l'objection n'en subsiste pas moins. On eût évité cette difficulté, en prescrivant une mention du paiement accepté par la femme faite en marge de la transcription.

Dans la pratique, les tiers avec lesquels la femme voudra traiter devront se dire qu'ils n'ont pas à compter sur l'hypothèque de la femme, quant à l'immeuble aliéné, lorsqu'il y aura eu renonciation au profit de l'acquéreur.

L'avant-dernier alinéa de la loi nouvelle, sur lequel nous venons de nous expliquer, se termine par ces mots... « et sans préjudice des droits des autres créanciers hypothécaires. » Pour comprendre le sens de cette réserve, il suffit de se reporter à ce que nous avons dit en présentant l'économie générale de la loi du 13 février 1889.

Si la perte totale ou partielle du droit de préférence de la femme ne doit pas nuire aux créanciers hypothécaires postérieurs en rang, elle ne doit pas non plus leur profiter. Or, ils en profiteraient si, arguant de l'extinction des droits de la femme, ils prétendaient arriver les premiers en rang, dans l'ordre qui va être ouvert sur leurs poursuites. La femme n'ayant plus de droits, dans la mesure du paiement accepté, il faut que l'acquéreur soit mis, dans cette même mesure, au lieu et place de la femme. Il entend alors attacher un effet translatif, un effet de subrogation, à la renonciation faite par la femme à son hypothèque légale.

Ce caractère translatif de la renonciation, sans lequel l'acquéreur serait exposé à payer deux fois, a toujours été admis, dans ce cas, et il a été consacré par la loi nouvelle dans son dernier alinéa. Le texte prévoit deux cas : 1° L'acquéreur invoque la subro-

gation contre des créanciers hypothécaires postérieurs en rang à la femme; 2° il s'en prévaut contre
des tiers qui se sont fait subroger à l'hypothèque de
la femme sur d'autres immeubles du mari.

Avant d'examiner ces deux hypothèses, nous pré-
senterons une double observation sur la rédaction de
l'alinéa dernier. Nous lisons : « Le concours ou le
consentement donné par la femme, soit à un acte
d'aliénation contenant quittance totale ou partielle du
prix, soit à l'acte ultérieur de quittance totale ou partielle, emporte même, à due concurrence, subrogation..... ».

Remarquons, en premier lieu, l'équivalence que le
législateur établit entre le concours (ou le consentement) à l'acte de l'aliénation et le concours (ou le consentement) à l'acte de quittance. Si l'on s'en tenait à
la lettre de la loi, on pourrait être amené à des conséquences dangereuses et fausses. On dirait : la loi
ayant mis sur le même pied le concours à l'acte d'a-
liénation et le concours à la quittance, une femme,
qui n'aura pris aucune part à l'aliénation, pourra
subroger l'acquéreur à son hypothèque légale en con-
courant uniquement à l'acte de quittance. Et le simple concours, sans qualité de garante ou autre prise
par la femme, serait ici suffisant, la loi nouvelle
n'ayant défini que le concours à *l'acte d'aliénation*
et non à la *quittance*. Objecterait-on que cette solu-

tion serait contraire à l'esprit de la loi nouvelle, protectrice des droits de la femme? L'on répondrait : le législaleur a cru bon d'exiger un concours *qualifié* à l'acte d'aliénation pour que la femme pût nettement envisager les conséquences de son intervention, tandis que la quittance est un acte suffisamment explicite pour révéler à la femme la gravité du concours qu'elle y prête.

On ne peut admettre un pareil système qui attache à la quittance une force exagérée, une *éloquence* qui ne répond pas à la réalité des faits. Il serait contraire, d'ailleurs, à l'esprit et à l'économie de la loi nouvelle ; enfin, si la lettre de la loi permet de le concevoir un instant, les travaux préparatoires (rapports et discussions) l'écartent absolument.

Nous avons eu soin, en effet, d'observer, dans l'exposé général de la loi du 13 février 1889, que toutes les dispositions se rattachaient à une idée dominante, à savoir que la renonciation de la femme à son hypothèque légale au profit de l'acquéreur vaudrait purge, cette renonciation étant obtenue et publiée comme le prescrivent les alinéas 1, 2 et 3 ; quant aux alinéas 4 et 5, ils indiquent quelles sont les conséquences du maintien du droit de préférence de la femme sur le prix.

Par conséquent, lorsque le législateur parle du concours de la femme à l'acte de quittance comme emportant subrogation, il suppose manifestement que la femme s'est déjà dépouillée du droit de suite, dans les conditions ci-dessus prescrites par la loi. Il est bien entendu, d'ailleurs, que, dans l'acte de quittance, la femme pourrait renoncer expressément à son hypothèque légale, auquel cas elle perdrait simultanément le droit de suite et le droit de préférence.

Notre seconde observation sera brève. Supposons que la femme ait renoncé dans l'acte authentique d'aliénation, et qu'elle ait autorisé le paiement du prix par une quittance sous seing privé. Il y a des créanciers hypothécaires postérieurs à la femme; c'est donc l'hypothèse d'une renonciation translative. De quel acte de la femme la subrogation va-t-elle résulter? De sa renonciation dans l'aliénation, ou du consentement donné dans la quittance? A s'en tenir encore à la lettre du dernier alinéa, il semblerait que c'est le consentement à la quittance qui emporte subrogation. Mais alors la subrogation à l'hypothèque légale résulterait d'un acte sous seing privé, car, nous l'avons dit, la quittance n'a pas besoin de la forme authentique?

Il faut reconnaître que la rédaction du texte est vicieuse. Quand la femme a renoncé à son hypothèque, avant d'adhérer à la quittance, c'est le premier acte qui vaut subrogation : il faut, mais il suffit, que ce premier acte soit authentique. C'est même un argument que l'on a fait valoir pour exiger l'authenticité de l'acte d'aliénation contenant la renonciation de la femme : il faut d'autant mieux cette authenticité, a-t-on dit, que la renonciation peut, le cas échéant, être translative et non pas seulement extinctive. Ces observations présentées, il nous reste à dire quelle publicité a été prescrite pour les renonciations translatives. Deux cas, avons-nous dit, sont prévus par le dernier alinéa.

1ᵉʳ *cas.* — *L'acquéreur invoque la subrogation contre des créanciers postérieurs en rang à la femme.* — Aucune publicité n'est alors nécessaire. On aurait pu penser que, puisqu'il s'agit ici de subrogation, l'acquéreur devait se conformer aux règles de publicité de l'article 9. Mais cet article ne vise que les rapports entre subrogés successifs et la publicité est alors indispensable. Au contraire, dans l'hypothèse que nous envisageons, l'acquéreur entend opposer la subrogation *légale* dont il est investi à des tiers que l'article 9 ne concerne pas. « La subrogation, dans ce cas, dit le rapport supplémentaire, peut s'accomplir de plein droit et sans aucune formalité de publicité, le contrat intervenu entre la femme et l'acquéreur ne modifiant pas la situation des créanciers inscrits ».

2ᵉ *cas.* — *L'acquéreur invoque la subrogation contre des tiers qui sont devenus, après l'aliénation, cessionnaires de l'hypothèque légale de la femme sur d'autres immeubles du mari*. — La loi décide que, pour rendre sa subrogation opposable aux cessionnaires ultérieurs, l'acquéreur devra se conformer aux prescriptions de l'article 9. Cela est très juste, en effet, puisqu'il s'agit ici de subrogés successifs. Il est nécessaire que les cessionnaires ultérieurs sachent dans quelle mesure la créance hypothécaire de la femme a été entamée, par suite du paiement total ou partiel autorisé par elle; l'inscription que doit prendre l'acquéreur le leur révélera.

Il en résulte que le législateur a organisé la publicité pour prévenir les tiers de la diminution des droits de la femme, au cas de renonciation translative, et que, suivant la critique faite plus haut, il n'a pas procédé ainsi pour la renonciation simplement extinctive. Dans ce dernier cas, la transcription prévient les tiers de la perte du droit de suite; mais rien ne leur fait savoir quand et dans quelle mesure le droit de préférence a disparu. Seront-ils fondés alors à agir contre l'acquéreur? Nullement; car, s'agissant ici d'une renonciation extinctive, l'acquéreur se retranchera derrière l'article 6 de la loi de 1855.

Il faut donc, à notre avis, ne pas prendre isolément la partie finale du dernier alinéa, qui semblerait imposer toujours à l'acquéreur les prescriptions de l'article 9. Le second cas prévu par la loi fait suite au premier et le suppose, parce que c'est la présence des créanciers hypothécaires, autres que la femme, et inscrits avant l'aliénation, qui oblige l'acquéreur à se prévaloir alors d'une subrogation à son profit.

« Les dispositions qui précèdent sont applicables à la Guadeloupe, à la Martinique et à la Réunion ». Cette addition a été jugée nécessaire, en présence d'une controverse quant au régime constitutionnel des colonies. Conformément à la Constitution de 1852, un sénatus-consulte du 3 mai 1854 avait décidé que la législation suivie dans ces trois colonies ne pourrait être modifiée que par des sénatus-consultes. Aussi, un sénatus-consulte du 12 juillet 1856 avait appliqué la loi du 23 mars 1855 aux trois colonies dont nous parlons. « La Constitution de 1852 a disparu, dit le rapport supplémentaire, et, avec elle, le régime des sénatus-consultes; de plus, ces trois colonies ont leurs représentants dans les Chambres; il semblerait donc qu'aujourd'hui les lois votées par le Parlement doivent, sans difficulté, s'appliquer de plein droit aux colonies. La question cependant est controversée. » En conséquence, on a jugé prudent d'insérer dans la loi une disposition particulière à cet égard.

ÉTUDE

SUR

LA LOI DU 24 JUILLET 1889

RELATIVE A LA PROTECTION

DES ENFANTS MALTRAITÉS OU MORALEMENT ABANDONNÉS.

Par la faute peut-être de notre mécanisme législatif ou par un ensemble de causes et de circonstances que je n'ai ni à rechercher ni à rappeler ici, l'élaboration de nos lois est trop souvent lente et laborieuse. La loi du 24 juillet 1889 « sur la protection des enfants maltraités ou moralement abandonnés » n'a point échappé à la règle.

Cette loi a son origine dans un projet déposé sur le bureau du Sénat le 27 janvier 1881. C'était un Code général sur la protection de l'enfance que l'on voulait édicter. Mais, en dépit des efforts les plus louables, on reconnut que toutes les parties de l'œuvre ne pouvaient recevoir, sans péril, une solution immédiate, et l'on se résigna à diviser le travail.

Ces considérations inspirèrent le projet de loi « sur

la protection des enfants maltraités ou moralement abandonnés », présenté par le Gouvernement à la séance de la Chambre des députés du 22 décembre 1888. Le texte du projet de loi était le fruit de travaux patients et éclairés dont l'énumération presque complète se trouve dans l'exposé des motifs (*J. O.*, 21 avril 1889, Ann. Ch., n° 3389).

« Le gouvernement a mis à profit les travaux d'une commission extraparlementaire instituée le 5 décembre 1880 par le garde des sceaux, le rapport si complet fait au Sénat par M. Théophile Roussel, ce généreux promoteur de toutes les lois protectrices de l'enfance [1], les délibérations de cette assemblée, le rapport de M. Gerville-Réache, déposé sur le bureau de la Chambre des députés dans sa séance du 26 mai 1884, et l'exposé des motifs de la proposition de loi présentée par ce député. Il a provoqué l'avis du Conseil d'État et du Conseil supérieur de l'assistance publique. C'est après avoir procédé à cette vaste consultation qu'il a rédigé le projet ».

On voit par là quelle importance était à bon droit attachée à une législation destinée à la protection de l'enfance. Qu'il nous suffise de dire que, pour M. Th.

______

[1] Le rapport de M. Th. Roussel, présenté au Sénat le 25 juillet 1882, forme le n° 451 des Annexes du Sénat pour la session de 1882. Il comprend 3 vol. in-4°; c'est le travail le plus complet qui ait été fait sur les œuvres de l'enfance.

Roussel, le projet général dû à son initiative « contenait la solution d'une partie de la question sociale » (Tome III, note préliminaire, p. 49).

Quelle est l'économie générale de la loi du 24 juillet 1889 ? Elle se déduit aisément du double but que l'on poursuivait : d'une part, enlever la puissance paternelle aux parents indignes de l'exercer, d'autre part, conférer tout ou partie des attributs de cette puissance aux associations de bienfaisance ou aux particuliers qui se chargeraient de l'éducation d'un enfant.

En effet, avant 1889, un double écueil frappait d'impuissance les efforts généreux qui pouvaient être faits en vue du sauvetage de l'enfance. En premier lieu, la loi n'apportait pas un frein suffisant aux abus de la puissance paternelle : en dehors des deux cas prévus, l'un par l'article 335, 2ᵉ al., C. pén., l'autre par l'article 3 de la loi du 7 décembre 1874, un enfant pouvait, dans une famille indigne, courir les plus grands périls pour sa sécurité ou sa moralité sans qu'on pût enlever définitivement cet enfant au milieu où il était placé. Il est vrai que les tribunaux, prenant en considération l'intérêt de l'enfant, venaient remédier, dans une certaine mesure, aux lacunes de la loi ; mais encore fallait-il que leur intervention fût réclamée par de proches parents [1], et le juge ne pouvait aller jus-

____

(1) Sur le droit pour le ministère public de mettre l'action en mouvement, V. Demolombe, *Cours de C. C.*, t. VI, n° 399.

qu'à déclarer un père déchu de la puissance paternelle. En somme, à ce premier point de vue, l'action
de la justice était insuffisante et trop rare. La loi
de 1889 est venue dire dans quels cas des parents seraient ou pourraient être déchus de la puissance paternelle.

La bienfaisance ne pouvait donc, en général, arra-
cher les enfants à une famille indigne. D'un autre côté,
la charité publique ou privée voyait ses efforts décou-
ragés quand elle recueillait des enfants confiés par
leur famille. Lorsque l'enfant atteignait l'âge de treize
ou quatorze ans, qu'il devenait une « valeur », au sens
économique du mot, le père, au mépris des engagements sans portée juridique qu'il avait pu consentir,
réclamait la remise de son enfant. Pendant de longues
années, une Société, une personne charitable avaient
dépensé en vue d'élever un enfant qui leur était repris
au moment où les bienfaits de l'éducation auraient pu
se faire sentir, pour devenir un instrument d'exploita-
tion entre les mains de parents indignes. Afin de ne
pas décourager les initiatives généreuses, il fallait
donner une force légale aux engagements consentis,
aux conventions ayant pour objet les droits attachés à
la puissance paternelle. Tel est le second problème
résolu par la loi nouvelle.

Ces développements étaient nécessaires pour comprendre l'économie de la loi du 24 juillet 1889 ; mais

ils seraient insuffisants pour se faire une idée exacte
de la portée de notre loi. Aussi, aurons-nous à les compléter, la principale question que nous voulions traiter
dans cette étude étant celle de savoir « quelle influence
la loi de 1889 a exercée sur les principes du Code civil,
en matière de puissance paternelle et, spécialement,
sur la jurisprudence qui s'était établie avant la loi nouvelle ».

Laissant de côté le titre II, consacré à la protection
des mineurs placés avec ou sans l'intervention des
parents, nous porterons notre attention sur le titre Ier
qui est relatif à la déchéance de la puissance paternelle et se subdivise en trois chapitres. Dans quels cas
y a-t-il lieu à déchéance, — comment est organisée la
tutelle, la déchéance étant prononcée, — dans quelles
conditions la puissance paternelle peut être restituée;
telle est la matière de ces trois chapitres.

Nous ne voulons pas présenter un commentaire de
la loi nouvelle, même en le réduisant au titre Ier. Toutefois, nous étudierons les dispositions principales du
chapitre Ier, particulièrement les articles 1 et 2 où sont
indiquées les causes de déchéance de la puissance
paternelle. Nous verrons ainsi quelle action a exercée
le législateur de 1889 sur les principes du Code civil
touchant la puissance paternelle et l'influence de cette
loi sur le pouvoir de contrôle des tribunaux. Sous le
bénéfice de ces observations, nous donnerons les ru-

briques suivantes aux deux parties de ce travail : la loi de 1889 et le Code civil, la loi de 1889 et la jurisprudence.

I.

La loi de 1889 et le Code civil.

Il est démontré que le législateur du Code civil a considéré la puissance paternelle moins comme un droit pour les père et mère que comme un devoir pour ces derniers : la puissance ou autorité paternelle est, avant tout, un moyen de protection pour l'enfant[1]. Mais, à la différence de certaines législations étrangères[2], nos lois, en dehors des deux cas précédemment rapportés, n'ont pas indiqué dans quelles circonstances l'autorité paternelle serait enlevée à des parents indignes. Ce silence a été interprété d'une manière presque unanime en ce sens que le législateur

---

[1] Cf. Rapport de M. Roussel, t. III, note préliminaire, p. 12 à 15, et la dissertation de notre sympathique et savant maître M. de Loynes, dans le Recueil de Dalloz, 1890, 2ᵉ part., p. 25.

[2] Lois civiles de la Prusse (Rapport Roussel, t. III, p. 434); Code pénal hollandais, du 3 mars 1881, art. 30.

avait entendu conférer aux tribunaux le contrôle de l'autorité paternelle pour en réprimer les abus possibles [1].

La loi de 1889 est venue combler cette lacune de notre législation *tout en conservant, à notre avis, la jurisprudence antérieure.*

Pour étudier les principales dispositions du chapitre Ier de la loi, nous examinerons successivement : 1° les causes de déchéance; 2° l'étendue de la déchéance; 3° les personnes qui en sont frappées.; 4° la procédure.

§ 1er.

Causes de déchéance.

Le législateur s'est attaché aux principes suivants : certains faits dénotent un tel caractère d'indignité chez les parents, qu'ils emporteront *de plein droit* la déchéance de la puissance paternelle, tandis que d'autres faits rendront la *déchéance facultative* pour les tribunaux appelés à en connaître. L'article 1er de la loi s'occupe de la déchéance obligatoire ou de plein droit; l'article 2 de la déchéance facultative.

Déchéance de plein droit. — Elle se produit dans quatre hypothèses :

(1) Cf. Dissertation précitée de M. de Loynes.

« 1° S'ils (les père et mère et ascendants) sont con-
« damnés par application du paragraphe 2 de l'article
« 334 du Code pénal ;

« 2° S'ils sont condamnés, soit comme auteurs,
« coauteurs ou complices d'un crime commis sur la
« personne d'un ou plusieurs de leurs enfants, soit
« comme coauteurs ou complices d'un crime commis
« par un ou plusieurs de leurs enfants ;

« 3° S'ils sont condamnés deux fois comme auteurs,
« coauteurs ou complices d'un délit commis sur la per-
« sonne d'un ou plusieurs de leurs enfants ;

« 4° S'ils sont condamnés deux fois pour excitation
« habituelle de mineurs à la débauche ».

Le législateur de 1889 a cru nécessaire de rappeler
dans le 1° la disposition de l'article 334, § 2, du Code
pénal (il s'agit d'enfants dont la prostitution ou la cor-
ruption a été excitée, favorisée ou facilitée par leurs
pères, mères, tuteurs ou autres personnes chargées de
leur surveillance), parce que la déchéance prononcée
par l'article 335, § 2, du Code pénal, n'était pas suffisamment étendue. D'une part, le père coupable ne
perdait sa puissance paternelle que sur l'enfant victime
de ses entreprises immorales ; d'un autre côté, il n'était
dépouillé que des droits prévus au titre IX, livre Ier, du
Code civil. D'après la loi nouvelle, au contraire, la
déchéance est absolue : le père est déchu de la puissance paternelle à l'égard de tous ses enfants, et il est

dépouillé de tous les droits qui se rattachent à cette puissance, droits dont l'énumération, purement énonciative d'ailleurs, est faite dans l'article 1ᵉʳ, § 1, de la loi de 1889.

Le 2° et le 3° reproduisent, à quelques changements près, la disposition qui avait été acceptée par la première sous-commission de la chancellerie, dont M. Pradines fut le rapporteur.

« Après avoir trouvé dans l'article 335, § 2 du Code pénal, le type de l'indignité la plus grave contre laquelle il y eût à prémunir l'enfant, nous y avons cherché, en même temps, le modèle des mesures à prendre à l'égard de tous les pères et mères chez lesquels serait constatée une indignité similaire [1] ».

Le savant rapporteur nous fait assister à « la série d'analyses et de déductions par lesquelles la commission est arrivée à rattacher dans un cadre unique qui associait les règles déjà en vigueur du Code pénal aux règles déjà inscrites dans le Code civil, toutes les hypothèses où il y avait un intérêt démontré à appeler l'intervention de la loi ».

Après avoir indiqué dans quels cas il y aurait lieu à la déchéance de plein droit ou facultative, le rapporteur dégage cette conclusion : « Ainsi, généralisation de l'article 335 du Code pénal, extension au père indigne

____

[1] Rapport de M. Pradines, cité dans Rapp. Roussel, t. I, p. 121.

des destitutions infligées au tuteur d'une inconduite notoire, toute l'économie de la réforme projetée est là ».

Tout en reconnaissant la haute valeur des jurisconsultes qui composaient la première sous-commission, nous croyons qu'ils avaient trop usé peut-être « d'analyses et de déductions », et que, par un respect exagéré pour l'œuvre du législateur de 1810, ils montrèrent quelque timidité dans l'énumération des causes de déchéance *ipso jure*. C'est ainsi que, pour les hypothèses prévues au 2° de l'article 1ᵉʳ, ils exigeaient la rédicive. Nous ferons la même remarque sur le 4° de l'article. C'était, dans le projet de la première sous-commission, un cas de déchéance facultative seulement. Sur la proposition du conseil supérieur de l'assistance publique, c'est devenu une cause de déchéance de plein droit[1]; mais, comme nous allons le voir, on a réservé pour la déchéance facultative l'hypothèse d'une condamnation unique.

Déchéance facultative. — La déchéance de la puissance paternelle « peut » être prononcée par les tribunaux dans un certain nombre de cas prévus par l'article 2 de la loi.

« Peuvent être déclarés déchus des mêmes droits :

« 1° Les père et mère condamnés aux travaux for-
« cés à perpétuité ou à temps, ou à la réclusion, comme

______
[1] V. Exposé des motifs du projet de loi du 22 décembre 1888.

« auteurs, coauteurs ou complices d'un crime autre que
« ceux prévus par les articles 86 à 101 du Code pénal;

« 2° Les père et mère condamnés deux fois pour un
« des faits suivants : séquestration, suppression, ex-
« position ou abandon d'enfants ou pour vagabondage ;

« 3° Les père et mère condamnés par application de
« l'article 2 , § 2, de la loi du 23 janvier 1873, ou des
« articles 1, 2 et 3 de la loi du 7 décembre 1874 ;

« 4° Les père et mère condamnés une première fois
« pour excitation habituelle de mineurs à la débauche;

« 5° Les père et mère dont les enfants ont été con-
« duits dans une maison de correction, par applica-
« tion de l'article 66 du Code pénal ;

« 6° En dehors de toute condamnation , les père et
« mère qui, par leur ivrognerie habituelle, leur in-
« conduite notoire et scandaleuse ou par des mau-
« vais traitements, compromettent soit la santé, soit
« la sécurité, soit la moralité de leurs enfants ».

Sur le 3° de l'article, observons que le législateur,
après avoir indiqué l'article 2 , § 2, de la loi du 22 janvier 1873 (récidive du délit d'ivresse manifeste, depuis
moins d'un an) vise les articles 1, 2 et 3 de la loi du 7
décembre 1874. Cette loi, relative à la protection des
enfants employés dans les professions ambulantes,
permettait aux tribunaux de priver de la puissance
paternelle les père et mère coupables des délits spé-
cifiés aux articles 2 et 3 de la loi du 7 décembre 1874.

En reproduisant ce cas de déchéance facultative , le législateur de 1889 a voulu combler les lacunes et faire disparaître les imperfections de la loi de 1874 qui avait omis de régler le sort de l'enfant et ne protégeait que les mineurs de seize ans.

Le 5° et le 6° de l'article ont ce caractère commun qu'ils permettent d'atteindre des père et mère , en dehors de toute condamnation prononcée contre eux.

Pourquoi , dans le cas prévu par le 5°, peut-il y avoir lieu de prononcer la déchéance paternelle? N'y avait-il pas déjà une protection suffisante dans l'article 19 de la loi du 5 août 1850 , d'après lequel les jeunes détenus sont placés , lors de leur libération , sous le patronage de l'assistance publique? Non ; la protection était insuffisante. On a justement fait observer que l'article 19 de la loi précitée « n'a jamais pu recevoir d'application, parce qu'il n'a pas été créé de ressources parallèles , et surtout parce que à ce patronage ne sont pas attachés les droits de la tutelle [1] ».

Quant aux motifs justifiant, dans ce cas, la possibilité d'une déchéance de la puissance paternelle, ce sont les mêmes qui avaient poussé le législateur de 1850 à placer les jeunes détenus sous le patronage de l'assistance publique. Le Conseil d'État, sur la proposition de qui la disposition du 5° a pris place dans la loi , a

[1] V. Exposé des motifs du projet de loi du 22 décembre 1888.

fait remarquer que « bien souvent la faute de l'enfant s'explique par le défaut de surveillance ou par la contagion des mauvais exemples, et l'instruction judiciaire qui précède et motive l'envoi d'un enfant en correction a révélé une situation de famille qui justifierait la déchéance de la puissance paternelle ». Avec le texte du 5° de l'article, « on régularise la position de ces enfants et on prolonge jusqu'à leur majorité la durée de la tutelle[1] ».

Le sixième et dernier alinéa de l'article 2 prévoit trois cas dans lesquels les tribunaux pourront prononcer la déchéance de la puissance paternelle. D'abord, l'*ivrognerie habituelle*. C'est la commission sénatoriale qui, en 1882, avait substitué le mot « ivrognerie » au terme « ivresse » employé dans le projet du gouvernement. Les raisons de cette modification sont expliquées dans le rapport Roussel (t. I, p. 138-143). On conçoit, d'autre part, comment le 6° de l'article ne fait pas double emploi avec le 3° parce que « un alcoolique invétéré peut n'avoir jamais encouru de condamnation, ne s'être jamais exposé à des poursuites pour ivresse publique, alors que son exemple et, en quelque sorte, son contact sont pour les enfants un véritable danger[2] ».

(1) V. Exposé des motifs du projet de loi du 22 décembre 1888.
(2) *Idem.*

L'inconduite notoire et scandaleuse. — C'est une application à la puissance paternelle de la règle écrite pour la tutelle dans l'article 444, 2°, du Code civil. Le projet de loi du 22 décembre 1888 a ajouté, sur la proposition du conseil supérieur de l'assistance publique, aux mots « inconduite notoire », celui de « scandaleuse », parce que « en telle matière, dit l'exposé des motifs, il est prudent de ne pas laisser au juge une trop grande latitude d'appréciation personnelle ».

Les mauvais traitements. — Que faut-il entendre par cette expression? A-t-elle un sens large permettant d'y faire rentrer tous les abus de la puissance paternelle susceptibles de nuire à l'enfant?

M. de Loynes, dans la dissertation précitée, s'exprime ainsi sur la portée du 6° de l'article 2 : « Ce texte nous paraît comporter une interprétation assez large et confère aux tribunaux des pouvoirs très étendus. A notre avis, la déchéance de la puissance paternelle peut être prononcée non seulement lorsque l'enfant est victime de coups et blessures, mais encore lorsque le père le laisse manquer des choses nécessaires à la vie. L'enfant peut être maltraité du moment où il n'est pas traité comme il devrait l'être, du moment où il ne reçoit pas les soins que réclame sa santé et que la fortune de ses parents permettrait de lui donner ».

Nous pensons, au contraire, que cette expression

« mauvais traitements » n'a pas l'élasticité qu'on lui voudrait donner. Elle correspond au verbe « maltraiter », lequel a un sens parfaitement clair et implique le fait positif d'un père qui exagère son droit de correction et brutalise ses enfants. « Le terme mauvais traitements, a-t-on dit, mérite d'être conservé parce qu'il exprime bien clairement que la déchéance facultative pourra être appliquée à ceux qui *maltraitent* leurs enfants[1] ».

D'autre part, l'interprétation restrictive nous semble commandée par le caractère pénal, en quelque sorte, des dispositions relatives à la déchéance de la puissance paternelle. Cette déchéance, a-t-on remarqué, est une flétrissure (Annexes au rapport Roussel, t. I, p. 343, note 1).

De ces observations sur le 6° de l'article 2 nous dégagerons cette conclusion : le texte ne prévoit pas tous les cas où l'intérêt de l'enfant, sans imposer la déchéance paternelle, peut exiger l'intervention protectrice des tribunaux. Et remarquons que le législateur de 1889 n'a pas eu l'intention de prévoir tous les abus possibles de la puissance paternelle. Il a voulu atteindre seulement les plus graves, ceux qui dénotent un tel caractère d'indignité chez les père et mère que

(1) Rapport de M. Brueyre au Cons. sup. de l'Assist. publ., *J. O.*, 21 avril 1889, Annexes de la Chambre, p. 717.

l'on doive flétrir ces derniers de la déchéance. On a repoussé, en effet, une rédaction plus large proposée par le Conseil d'État et d'après laquelle le juge aurait pu prononcer la déchéance contre les père et mère dont les enfants « sont victimes d'abus graves de la puissance paternelle ». Le Conseil d'État pensait « que l'expression d' « abus graves de la puissance pater- nelle » comprendrait tous les cas qu'on ne pouvait pré- voir en détail et qui devaient appeler l'attention du ministère public.

§ 2.

Étendue de la déchéance.

Le législateur a voulu que la déchéance de la puis- sance paternelle fût complète, absolue : tous les droits qui, de près ou de loin, se rattachent à la puissance paternelle sont enlevés au père indigne. Rappelons, d'autre part, que la déchéance n'est pas irrévocable et que les parents déchus peuvent recouvrer leurs droits dans les cas et conditions prévus par le cha- pitre III.

Les effets de la déchéance sont déterminés par l'ar- ticle 1er, alinéas premier et dernier, et par l'article 8.

« Article 1er, alinéa 1er. — Les père et mère et as- « cendants sont déchus de plein droit, à l'égard de

« tous leurs enfants et descendants, de la puissance
« paternelle, ensemble de tous les droits qui s'y rat-
« tachent notamment ceux énoncés aux articles 108,
« 141, 148, 150, 151, 346, 361, 372 à 387, 389,
« 390, 391, 397, 477 et 935 du Code civil, à l'article 3
« du décret du 22 février 1851 et à l'article 46 de la
« loi du 27 juillet 1872 ».

Au lieu de « l'article 46 de la loi du 27 juillet
1872 », il faut lire « l'article 59, 6°, de la loi du 15
juillet 1889 ».

Quant à l'énumération faite par la loi, elle n'est pas
limitative « ... notamment ceux énoncés... ». Cela a été
dit, d'ailleurs, formellement, dans les travaux préparatoires (V. Rapport Roussel, t. I, p. 124).

Tout lien est donc rompu entre les enfants et le
père déchu. C'est une sorte de mort civile [1], limitée à
la puissance paternelle. Les enfants seront placés, au
mieux de leurs intérêts, sous la puissance paternelle
de leur mère (art. 9), ou bien il y aura lieu à l'organisation d'une tutelle (chap. II).

Ainsi le père déchu perd civilement sa qualité de
père, c'est-à-dire de protecteur, et tous les droits qui
y sont attachés. Cependant, selon la nature, il conserve cette qualité, et telle est la considération qui a

---

[1] La lecture de l'article 14 nous avait suggéré cette expression
que nous avons trouvée, depuis, dans un discours de M. Léon Clément au Sénat (mai 1883).

inspiré le dernier alinéa de l'article 1er : « Cette déchéance laisse subsister entre les ascendants déchus et l'enfant les obligations énoncées aux articles 205, 206 et 207 du Code civil ». Les droits enlevés au père sont uniquement ceux qui se rattachent à la puissance paternelle ; il en résulte que la déchéance laisse subsister les droits successoraux entre les enfants et les père et mère et ascendants (V. *J. O.*, 26 mai 1889, Chambre, Déb. parl., p. 1123).

D'autres effets de la déchéance sont prévus par l'article 8 : « Tout individu déchu de la puissance paternelle est incapable d'être tuteur, subrogé-tuteur, curateur ou membre du conseil de famille ». En présence de l'énumération faite par ce texte, il faut dire que le père déchu pourrait être choisi comme conseil judiciaire d'un prodigue ou d'un faible d'esprit.

Ainsi le parent déchu de la puissance paternelle est dépouillé en bloc de tous les droits dont nous venons de parler. Il n'y a pas à distinguer entre la déchéance de plein droit et la déchéance facultative : « Peuvent être déchus des *mêmes droits* », dit l'article 2. Dans les deux cas, le dépouillement est complet, et le juge ne peut pas faire un partage, un morcellement dans les droits qui se rattachent à la puissance paternelle, pour enlever à l'indigne tel ou tel droit, le droit de garde, par exemple, et lui conserver les autres.

Bien différente, à cet égard, est la solution consacrée par la loi de 1889, de celle qui avait été admise dans les projets primitifs. Avec la déchéance de plein droit, le dépouillement était complet, absolu ; mais, dans les cas de déchéance facultative, la privation des droits de puissance paternelle pouvait n'être que partielle (V. Rapport Roussel, t. I, p. 132).

C'est sur les observations du Conseil d'État que l'idée de déchéance partielle a été abandonnée. « Cette assemblée, dit M. Courcelle-Seneuil, son rapporteur, n'a pas admis qu'un enfant pût être utilement soumis à deux puissances rivales, celle du père et celle du tuteur, ni que la première pût intervenir dans les actes de l'autre ; elle n'a pas compris qu'on pût être père à demi, ou au tiers, ou au quart. Pour que la condition de l'enfant soit stable, il faut qu'il soit placé sous l'une ou sous l'autre puissance, et que celle du père soit entière ou ne soit pas ».

Cette opinion a prévalu et la loi a admis que l'indignité des parents, judiciairement établie, constituerait un état légal indivisible.

Absolue quant à l'étendue des droits enlevés, la déchéance est également absolue en ce qui concerne les enfants sur lesquels le père sera dépouillé de son autorité. « A l'égard de tous leurs enfants et descendants, » lisons-nous à l'article 1er. Certains ont critiqué, à tort, selon nous, la sévérité de cette disposition (V. *J. O.*, 26 mai 1889, Ch. Déb. parl., p. 1123).

Ajoutons que le père est déchu à l'égard de tous enfants nés ou à naître. Nous ne voyons pas comment cette proposition a pu être contestée [1], en présence des termes de l'article 9, alinéa final. L'alinéa qui précède parle, d'ailleurs, des enfants « nés et à naître ».

§ 3.

Quelles personnes sont atteintes?

« Les père et mère et ascendants, » dit l'article 1er. Que la déchéance de la puissance paternelle frappe les père et mère, cela se conçoit, puisque l'article 372 du Code civil les investit de l'autorité paternelle. Mais, pourquoi avoir visé les ascendants? « Il est certainement incorrect, dit M. de Loynes, de déclarer les ascendants déchus d'une puissance qu'aucune loi ne leur attribue. Mais, par ce texte, le législateur a reconnu que les ascendants occupaient dans la famille une place à part, qu'en vertu de la loi et de la nature, ils étaient investis de droits particuliers se rapprochant à tel point de la puissance paternelle, qu'ils doivent être compris sous cette dénomination ».

Aux cas de déchéance facultative prévus par l'arti-

______
(1) *Annuaire de législation française*, 9e année, p. 272.

cle 2, le texte parle seulement des père et mère sans mentionner les ascendants. Mais il n'est pas douteux que l'article 2 ne leur soit applicable. C'est par inadvertance que la section du conseil supérieur de l'assistance publique, après avoir ajouté les ascendants aux père et mère dans l'article 1er, n'en a pas fait autant à l'article 2.

Puisque, pour être atteint par la déchéance, il faut être « père, mère ou ascendant, » il va de soi que la personne, célibataire ou mariée sans enfants, qui aurait été frappée des condamnations prévues aux 1° et 4° de l'article 1er, ne serait point, de ce chef, privée de la puissance paternelle sur les enfants qu'elle pourrait avoir par la suite. Le mot même de « déchéance » prouve qu'il s'agit de la perte de droits actuels et non de la privation de droits que l'on n'a pas encore. Nous faisons cette remarque pour répondre à une observation présentée à la Chambre des députés au cours de la discussion de la loi (Voir *J. O.*, 26 mai 1889, Débats parlementaires, p. 1123).

La loi ne distinguant pas doit être appliquée aux père et mère légitimes ou naturels, à tous ceux, en un mot, qui sont investis de l'autorité paternelle.

§ 4.

Procédure.

Dans les cas énumérés par l'article 1ᵉʳ, la déchéance est attachée de plein droit à certaines condamnations [1]. Au contraire, dans les hypothèses prévues par l'article 2 (déchéance facultative), il y a une action en déchéance à intenter. Quelles personnes peuvent intenter cette action et devant quel tribunal? Comment l'affaire sera-t-elle instruite? Ces questions sont tranchées dans les articles 3, 4, 5, 6, 7 et 9. Ce dernier texte se préoccupe, en outre, de l'attribution à la mère de la puissance paternelle enlevée au père; mais c'est un point que nous laissons de côté.

Sans insister sur ces questions de procédure, nous indiquerons les principales dispositions de la loi. Le droit d'intenter l'action appartient à tout parent du mineur au degré de cousin germain ou à un degré plus rapproché et au ministère public (art. 3).

Le tribunal compétent, en principe, est le tribunal du domicile du père ou de la mère, statuant en chambre du conseil (art. 3). Cependant, les tribu-

---

[1] Il en était ainsi avant la loi de 1889, pour le cas prévu par l'art. 335, 2ᵉ al., C. pén. (Demolombe, t. VI, n° 360).

naux répressifs, lorsqu'ils prononcent les condamnations prévues par l'article 1er et par les 1°, 2°, 3° et 4° de l'article 2, pourront statuer sur la déchéance de la puissance paternelle dans les conditions établies par la présente loi (art. 9, 2° alinéa) et décider si la mère exercera la puissance paternelle, ou si la tutelle sera conférée à une autre personne.

Les règles de procédure sont indiquées par l'article 4. Il nous suffira de dire que le législateur applique, à peu près, à notre matière, les articles 892 et 893 du Code de procédure, qui organisent la procédure de l'interdiction. L'affaire est engagée par voie de requête et examinée en chambre du conseil ; mais le jugement est prononcé en audience publique. Les articles 6 et 7 indiquent les voies de recours dont le jugement est susceptible et les délais d'opposition et d'appel. L'article 5 prévoit les mesures provisoires à prendre pendant la durée de l'instance.

En résumé, l'action en déchéance de la puissance paternelle est portée, en principe, devant une juridiction spéciale, la chambre du conseil du tribunal civil, et elle est toujours soumise à une procédure spéciale.

L'étude que nous venons de faire du chapitre Ier de la loi de 1889 était nécessaire pour traiter, en connaissance de cause, la question qui va suivre et qui fait le principal objet de ce travail.

II.

La loi de 1889 et la jurisprudence.

Nous rappellerons brièvement l'état de la jurisprudence, en matière de puissance paternelle, avant la loi du 24 juillet 1889, puis nous examinerons les décisions rendues sous l'empire de la loi nouvelle.

§ 1er.

Jurisprudence suivie, en matière de puissance paternelle, avant la loi du 24 juillet 1889.

Ce n'est pas une revue complète de cette jurisprudence que nous voulons faire. Ce tableau, très clair et très complet, a été présenté tout récemment dans l'excellente dissertation de M. de Loynes. Aussi nous bornerons-nous à reproduire les conclusions de ce travail.

Puisque la puissance paternelle a été organisée dans l'intérêt des enfants, il faut nécessairement admettre que la justice pourra réprimer les abus de l'autorité

paternelle en prenant comme principe directeur l'intérêt des enfants.

Cette idée a généralement prévalu en doctrine et en
jurisprudence.

M. Demolombe (t. VI, n° 367) a parfaitement légi-
timé le droit pour les tribunaux de contrôler la puissance paternelle. « C'est à ce pouvoir discrétionnaire
des magistrats, dit-il au n° 395, et à ce haut arbitrage
qu'il faut demander la solution de toutes les difficultés
que peut soulever l'exercice de la puissance paternelle ».

MM. Aubry et Rau concluent de même (t. VI, p.
82, texte et note 24). « Quelque respectable que soit la
puissance paternelle, surtout en ce qui concerne l'éducation et la garde des enfants, elle n'en demeure pas
moins soumise au contrôle des tribunaux qui peuvent,
dans l'intérêt de ces derniers, en modérer ou en limiter l'exercice ».

Les tribunaux n'ont pas failli à la tâche que le législateur du Code civil avait entendu leur confier. Entre
l'arrêt de la Cour de Caen du 31 décembre 1811
(S. Chr.) qui reconnaît implicitement le pouvoir pour
les juges d'enlever le droit de garde au père qui maltraite son enfant, et l'arrêt de la Chambre des requêtes
du 27 janvier 1879 (S. 79. 1. 464) qui consacre formellement le droit pour les tribunaux de restreindre
l'exercice de la puissance paternelle « quand matériel-

lement ou moralement l'intérêt de l'enfant est en péril, » — de nombreuses décisions judiciaires ont appliqué la même doctrine (Req., 3 mars 1856, S. 56. 1. 407. — Cour de Bordeaux, 13 juin 1860, motifs, S. 61. 2. 75. — Req., 15 mars 1864, S. 64. 1. 155. — Alger, 27 juin 1864, S. 64. 2. 288. — Trib. Seine, 15 déc. 1869, D. 69. 3. 104. — Bordeaux, 27 février 1874, S. 74. 2. 216. — Paris, 27 juillet 1875, D. 77. 1. 61).

En opposition avec ces monuments de jurisprudence, on ne peut guère signaler qu'un jugement du tribunal du Puy du 10 décembre 1869 (D. 70. 3. 64) et *peut-être* un arrêt d'Agen du 6 novembre 1889 (D. 90. 2. 25), sous lequel se trouve la note de M. de Loynes, et dont un considérant porte « que le droit de garde est dévolu au père seul et que, hors les cas d'indignité déterminés par la loi, et alors même que l'intérêt de l'enfant semblerait l'exiger, le juge ne saurait, sans porter atteinte à ce droit absolu, en dessaisir même momentanément l'autorité du père ». Nous disons : *peut-être*, car on ne voit pas nettement le sens que la Cour a attaché à sa formule [1].

Il est un autre ordre d'idées, en matière de puissance paternelle, qui a appelé fréquemment l'intervention des tribunaux, concernant le droit pour le père

---

[1] Cf. M. de Loynes, p. 27, 1re col., *loc. cit.*

d'interdire tous rapports entre certaines personnes et ses enfants. Les tribunaux ont décidé, en principe, dit M. de Loynes, que le père « a le droit absolu de choisir le mode d'éducation qui sera donné à ses enfants, l'établissement dans lequel ils seront élevés, de régler leurs relations avec les personnes du dehors, même de leur interdire toute communication orale ou écrite... Ces principes, toutefois, comportent exception, d'après la jurisprudence, lorsqu'il s'agit de régler les relations de l'enfant avec ses ascendants ».

On décide généralement, en doctrine et en jurisprudence, que le père ne peut pas interdire toute communication entre ses enfants et leurs ascendants, mais les tribunaux se sont divisés sur le point de savoir jusqu'où peut aller le droit des ascendants. Doivent-ils visiter les enfants au domicile du père? Les enfants seront-ils conduits chez les grands-parents par le père ou son délégué qui pourra assister à l'entrevue? Les ascendants pourront-ils visiter l'enfant, dans la pension où il est placé, en dehors de la présence du père ou de son délégué? Pourront-ils pendant quelques jours, pendant une partie des vacances, garder l'enfant accompagné ou non de son père? Autant de questions que les tribunaux ont diversement résolues (V. les décisions rapportées par M. de Loynes, p. 28 ; *Adde* deux jugements Trib. Seine du 11 août 1890, *Droit*, 20-21 octobre 1890).

Nous pensons avec M. de Loynes que le droit pour les ascendants de communiquer avec les petits-enfants ne saurait aller jusqu'à la violation du droit de garde qui appartient au père sur la personne de ses enfants, à moins qu'il ne s'agisse de cas exceptionnels tels que l'âge, l'état de santé des ascendants, ou l'éloignement de leur domicile; et, même alors, il serait loisible au père d'accompagner ses enfants.

Si nous admettons ces exceptions, c'est à cause de leur caractère d'absolue nécessité, et parce que l'on concilie ainsi le droit des ascendants et le droit du père. Mais nous ne saurions admettre la tentative de justification juridique présentée par M. de Loynes, quand il déclare que cette solution n'est pas en opposition avec l'article 374 du Code civil. Ce texte, dit-il, défend au fils de quitter le domicile paternel sans la permission de son père; mais la prohibition n'est pas enfreinte lorsque, sur l'ordre du juge, l'enfant peut avoir momentanément un autre domicile que celui de son père. « Cette solution, conclut-on, paraît conforme à tous les principes de la matière ».

Il nous semble que l'argument n'est pas en forme, parce qu'il prouverait trop. On pourrait toujours dire, en effet, que l'article 374 n'est pas violé toutes les fois qu'un tribunal enlèverait au père le droit de garde, sous prétexte que la dérogation à l'article 374 « n'est pas l'œuvre de la volonté de l'enfant ». Il faut trouver un point d'appui aux décisions de justice quand elles viennent toucher à l'article 374 du Code civil. Et ce sera « l'intérêt de l'enfant », quand la garde du père devient un danger pour le fils, — « le droit des ascendants », de communiquer avec leurs descendants dans l'hypothèse actuellement envisagée, droit consacré implicitement par les articles 142, 144, 153, 173, 205, 746, 749, 915 et 935 du Code civil, et reconnu plus formellement encore, comme le remarque justement M. de Loynes, par l'article 1ᵉʳ de la loi de 1889.

§ 2.

Jurisprudence suivie, en matière de puissance paternelle, depuis la loi du 24 juillet 1889.

La loi nouvelle a-t-elle laissé aux tribunaux le contrôle de la puissance paternelle tel que nous venons de le rencontrer, avec cette différence que désormais ils doivent ou peuvent prononcer la déchéance de l'autorité paternelle dans les cas prévus par les articles 1 et 2 de la loi de 1889? Ou bien, la jurisprudence ne peut-elle agir, pour réprimer les abus de la puissance paternelle, que dans les conditions prévues par la loi nouvelle? Telle est la question que nous avons à trancher.

Jusqu'ici, à notre connaissance, trois décisions judiciaires seulement [1] ont résolu nettement le problème, mais dans un sens que nous nous proposons de combattre. L'arrêt précité de la Cour d'Agen ne pourrait être mentionné ici que sous toutes réserves, parce qu'il n'est pas assez explicite. Il dit bien que « hors les cas d'indignité déterminés « par la loi », et alors même que l'intérêt de l'enfant semblerait l'exiger, le juge ne saurait, sans porter atteinte au droit absolu du père, le dessaisir même momentanément du droit de garde ».

Mais de quelle « loi » a-t-on entendu parler? C'est peut-être de la loi de 1889, et, en faisant cette supposition, M. de Loynes, sous l'arrêt, s'exprime ainsi : « Si la Cour a voulu dire que, depuis la loi nouvelle, les tribunaux ne peuvent plus enlever *principaliter* le droit de garde du père, cette solution paraît en harmonie avec la loi de 1889, mais c'est une question que nous ne voulons pas discuter ».

Les trois décisions judiciaires signalées sont : un jugement du tribunal de Saint-Quentin, du 27 décembre 1889, un jugement du tribunal de Toulouse, du 3 juillet 1890, et un arrêt de la Cour d'appel de Poitiers, du 21 juillet 1890, confirmant un jugement du tribunal de Saintes. Les deux espèces jugées à Saint-Quentin et à Poitiers présentent une certaine

______

(1) *Adde* jugement du Tribunal civil de Lyon, 29 janvier 1890.

analogie; aussi examinerons-nous en même temps les deux décisions.

Dans l'affaire jugée à Saint-Quentin, il s'agissait d'une demande portée devant le tribunal par voie d'ajournement et tendant à faire enlever au père la garde de sa fille. Dans l'arrêt de Poitiers, le père, après une instance en séparation de corps, avait été privé de la garde de son enfant; celui-ci avait été confié à la mère qui s'était retirée chez ses parents. Le décès de la mère étant survenu, le père réclamait aux parents maternels la remise de son enfant; ceux-ci demandèrent reconventionnellement que la garde fût enlevée au père et que l'enfant leur fût confié. A cette demande, principale dans un cas, incidente dans l'autre, les juges répondent :

« Attendu que la demande est mal intervenue, parce que la doctrine sur laquelle cette demande est fondée se trouve aujourd'hui en opposition avec la loi du 24 juillet 1889, laquelle a institué les seules règles de fond et de procédure qui puissent être désormais suivies pour soustraire l'enfant aux abus de la puissance paternelle;

« Attendu que vainement les appelants soutiennent que la loi du 24 juillet 1889 ne serait pas applicable à la cause;

« Attendu qu'il est, au contraire, certain que la loi précitée est introductive d'un droit nouveau qui modifie sur des points essentiels les principes admis jusqu'à ce jour sous l'empire du Code civil, que la déchéance ne peut être que générale et pour la totalité des droits; qu'elle dénie et retire ainsi aux juges le droit de toucher à l'exercice de la puissance paternelle pour seulement le restreindre ou le modifier suivant la diversité des espèces et la variété des intérêts;

« Que jusqu'ici, il est vrai, la loi faisant défaut, les tribunaux s'étaient arrogé le droit nécessaire d'enlever aux père et mère les attributs de la puissance paternelle dans la mesure que commandait l'intérêt supérieur de l'enfant; mais que la loi de 1889 a substitué un texte positif au droit arbitraire ainsi déduit par la jurisprudence de cet intérêt lui-même (Arrêt de Poitiers);

« Attendu qu'il résulte des travaux préparatoires de la loi nouvelle que le législateur a eu surtout en vue le droit de garde, qu'il a considéré avec raison comme l'attribut essentiel de la puissance paternelle, attribut dont l'abus peut avoir pour l'enfant les conséquences les plus funestes, et auprès duquel les autres droits du père ne sont que des droits accessoires;

« Attendu qu'on ne saurait enfin admettre qu'il puisse suffire à un plaideur d'écarter de sa demande l'un quelconque des droits que le père puise dans la puissance paternelle, fût-ce le moins important, tel que, par exemple, le droit de consentir à l'adoption ou à l'émancipation, pour priver le père de famille des mesures protectrices créées par la loi nouvelle et pour réduire ainsi celle-ci à l'état de lettre morte ». (Jugement du tribunal de Saint-Quentin.)

Dans l'affaire sur laquelle a statué le tribunal de Toulouse, l'instance avait été engagée dans les conditions de fond et de forme prévues par la loi de 1889. Usant de son droit souverain d'appréciation, le tribunal a rejeté la demande, mais il a cru bon de se prononcer, dans les considérants du jugement, sur la portée de la loi nouvelle :

« Attendu que la loi précitée a eu pour conséquence de remplacer les diverses mesures admises en pareil cas comme tempérament au défaut de texte, sous l'empire du Code civil; et que, devenue désormais la seule règle sur la matière, elle supprime, hors des cas qu'elle prévoit, la possibilité de toute autre mesure intermédiaire... ».

En définitive, de ces trois décisions se dégage la conclusion suivante : les tribunaux ne peuvent contrôler la puissance paternelle et en corriger les abus que dans les conditions de fond et de forme prévues par la loi du 24 juillet 1889.

Telle n'est pas notre manière de voir. Nous pensons que la loi de 1889 a donné aux juges un pouvoir qu'ils n'avaient pas auparavant, — à savoir la faculté de prononcer la déchéance de la puissance paternelle, —

mais qu'elle a entendu leur conserver le droit de prendre, comme par le passé, toutes mesures commandées par l'intérêt de l'enfant.

En d'autres termes, avant 1889, les juges avaient, comme l'a dit, en excellents termes, le tribunal de Saint-Quentin, « le pouvoir de limiter l'*exercice* d'une autorité dont ils ne pouvaient atteindre le *principe* ». Sous l'empire de la loi nouvelle, nous croyons qu'ils conservent ce pouvoir toutes les fois que le *principe* de la puissance paternelle n'est pas en question, ce qui arrive lorsque les termes de la loi de 1889 ne permettent pas de prononcer la déchéance, ou bien quand la demande portée en justice se borne à une simple restriction de l'*exercice* de l'autorité paternelle.

Les arguments qui nous déterminent peuvent être groupés sous quatre chefs : 1° But de la loi de 1889 ; 2° Travaux préparatoires de cette loi ; 3° La loi nouvelle n'est pas générale ; 4° Elle n'est pas impérative.

1° *But de la loi.* — Nous l'avons indiqué au début de ce travail, en exposant l'économie générale de la loi nouvelle. Cette loi a, avant tout, un caractère social : c'est une loi d'assistance. Si l'on a, je ne dirai pas modifié, mais complété les dispositions du Code civil touchant la puissance paternelle, c'est comme moyen pour atteindre le but poursuivi. Rappelons le dessein du législateur de 1889, en empruntant quelques lignes à l'exposé des motifs du projet du 22 décembre 1888.

« Protéger les enfants contre leurs parents indignes
en prononçant à l'égard de ces derniers la déchéance
de la puissance paternelle, procurer aux administra-
tions publiques, aux associations de bienfaisance et
aux personnes charitables, le moyen légal de pourvoir
efficacement et avec sécurité à l'éducation des enfants
qu'elles recueillent, enfin régler la dévolution à l'assistance publique de la puissance paternelle, retirée
aux parents ou délaissée par eux, tels sont les objets
de notre proposition ».

Et nous lisons à la page 3 du rapport de M. Roussel (tome I) : « Le premier obstacle auquel la commission du Sénat devait se heurter, était l'impossibilité
d'instituer une protection légale efficace sans toucher
à nos lois sur la puissance paternelle ».

De quelle façon a-t-on « touché à nos lois sur la
puissance paternelle » ? C'est, nous l'avons vu, en
généralisant et en développant la disposition de l'article 335 § 2, Code pénal. Ainsi, avant la loi de 1889,
il y avait un ou deux cas de déchéance de la puissance
paternelle ; aujourd'hui, sous l'empire de la loi nouvelle, il y en a un plus grand nombre. Quant au droit
reconnu à la jurisprudence de contrôler la puissance
paternelle, il reste, après la loi de 1889, basé sur les
arguments qui ont servi et servent encore à le justifier.
La loi nouvelle a-t-elle prévu tous les cas où les abus
de la puissance paternelle commandent l'intervention

des tribunaux? Non; nous l'avons établi en commentant le 6° de l'article 2 , et nous compléterons bientôt cette démonstration. Dans une loi qui a voulu procéder par voie d'énumération, pour ne pas laisser à la discrétion du juge la déchéance de la puissance paternelle, c'est-à-dire une flétrissure, on ne pouvait par une formule large , et dangereuse à ce titre, prévoir tous les abus possibles de l'autorité paternelle, et de plus, tous les cas où, sans qu'il y eût abus, la situation de l'enfant était digne d'être protégée par la justice.

On nous dit (arrêt de Poitiers) : C'est parce que « jusqu'ici la loi faisait défaut que les tribunaux s'étaient arrogé le droit nécessaire d'enlever aux père et mère les attributs de la puissance paternelle, dans la mesure que commandait l'intérêt supérieur de l'enfant; mais la loi de 1889 a substitué un texte positif au droit arbitraire ainsi déduit par la jurisprudence de cet intérêt lui-même ». A cette objection nous répondons : La loi de 1889 n'est ni générale, ni impérative. Deux idées que nous développerons bientôt; mais le but de la loi nouvelle préjuge déjà la première, ainsi que nous venons de le dire.

Nous voulons bien reconnaître que les tribunaux, avant 1889, n'ayant pas à leur disposition une arme suffisante, à savoir la déchéance de la puissance paternelle, étaient obligés de recourir à des biais, à des demi-mesures, pour protéger un enfant; mais ce que nous nous refusons à admettre c'est que, par une loi qui a développé les cas de déchéance, il n'y ait plus de place pour un contrôle des tribunaux sur la puissance paternelle, en dehors des cas prévus par la loi nouvelle.

M'objectera-t-on que je semble m'attacher uniquement aux hypothèses de l'article premier, où il y a, en effet, un développement du principe posé dans l'article 335 du Code pénal, et que je laisse de côté l'article 2, le seul véritablement en cause dans cette controverse, puisque c'est là que le législateur de 1889 a défini, en le limitant, le pouvoir des tribunaux?

Ma réponse ne varie pas : l'article 2 n'a pas voulu et ne pouvait pas prévoir tous les cas où la justice aurait à intervenir.

Et voici, après examen, l'idée que je me fais de la loi nouvelle. Pour atteindre son but, elle donne aux tribunaux une arme qu'ils n'avaient pas suffisamment jusqu'alors, c'est-à-dire le droit de prononcer la déchéance de la puissance paternelle; mais en leur octroyant plus de pouvoirs, on n'a pas entendu leur enlever le droit général et nécessaire de contrôler la puissance paternelle, en dehors des cas et conditions prévus par la loi. Qui peut le plus peut le moins, quand la loi ne dit pas le contraire. J'ajoute cette restriction pour répondre à l'argument que tirent les

décisions judiciaires précitées de l'indivisibilité de la
déchéance facultative, argument que je vais apprécier
à la lumière des travaux préparatoires.

Mais, auparavant, je ferai une remarque. La jurisprudence antérieure à la loi de 1889 n'a plus de raison
d'être, dit-on, depuis que nous avons « un texte positif
substitué au droit arbitraire des tribunaux ». En premier lieu, cette considération laisserait supposer que
la jurisprudence antérieure à la loi de 1889 était incer-
taine, mal fixée, et que le législateur a voulu, par un
texte, faire cesser des contradictions judiciaires. Or,
nous savons qu'une jurisprudence, constante et unanime peut-on dire, prenant pour critérium l'intérêt de
l'enfant, restreignait l'autorité paternelle dans la mesure de cet intérêt.

En second lieu, on pourrait tout au moins supposer que le législateur a voulu couper court à l'arbitraire qui s'attache toujours à des décisions judiciaires,
même non contradictoires, quand elles ne s'appuient
pas sur un texte législatif. Mais il n'en est rien :
l'article 2 organise la déchéance facultative, c'est-à-
dire que, dans une même hypothèse, celle du 1° par
exemple, les tribunaux pourront, appréciant souverai-
nement les faits, prononcer ou non la déchéance. En
sorte que prévoir, même limitativement, des cas de
déchéance facultative, c'est substituer l'arbitraire de
droit à l'arbitraire de fait. Singulier moyen d'empêcher

l'arbitraire des tribunaux, si tel avait été (ce que nous ne croyons pas) le but du législateur de 1889.

Nulle part, dans les volumineux travaux préparatoires de la loi, je n'ai vu critiquer la jurisprudence antérieure à la loi de 1889; mais, à chaque page, j'ai vu constater qu'elle n'était pas suffisamment armée pour protéger efficacement les intérêts de l'enfance. De plus, je crois que les travaux préparatoires montrent clairement que la loi de 1889 a eu une portée sociale d'une nature toute particulière.

2° *Travaux préparatoires de la loi.* — Nous démontrerons, en consultant les travaux préparatoires, les deux propositions suivantes : *a* — le législateur de 1889, en frappant de déchéance les parents indignes, a voulu surtout protéger les enfants des familles pauvres et déclassées; *b* — l'indivisibilité de la déchéance facultative ne contredit pas notre système sur le pouvoir des tribunaux après la loi de 1889.

a. Notre première proposition se vérifie aisément. La loi de 1889 est une « loi sur la protection des enfants maltraités ou moralement abandonnés »; elle constituait, nous le savons, une partie d'un projet plus général « sur la protection des enfants abandonnés, délaissés ou maltraités ». Il s'agit là d'enfants et de parents appartenant (que l'on veuille bien nous permettre cette expression un peu usée) aux « dernières couches sociales ». C'est, sans contredit, le sort déplorable de ces enfants qui a inspiré le projet Roussel, et l'honorable sénateur s'en explique à la page 3 de son Rapport (tome I) : « Dans ces milieux sociaux où la misère, l'ivrognerie, l'ignorance, l'absence de culture morale ne vont pas sans l'effacement des sentiments et de l'esprit de famille, l'enfance est en proie, à peu près impunément, à toutes les défaillances, à tous les abus, à tous les excès de la puissance paternelle ».

Nous lisons dans le même sens à la page 154 : « Il suffit de considérer dans quel milieu social, dans quelle condition de moralité se rencontrent la plupart des familles en vue desquelles la loi nouvelle est préparée pour se convaincre... ».

Ces lignes nous montrent bien la portée toute spéciale de la loi de 1889 ; mais il est un passage du rapport précité qui nous paraît consacrer le maintien de la jurisprudence antérieure à la loi de 1889. A la page 132, le rapporteur parle des difficultés soulevées par la question des déchéances facultatives, dans la commission ministérielle et la commission sénatoriale.

La commission ministérielle avait décidé que lorsque les père et mère seraient frappés de certaines peines, il n'y aurait pas déchéance *de plano*; « mais le renvoi au tribunal chargé d'apprécier la moralité du père et la déchéance à lui infliger si son indignité apparaissait, serait de droit » (p. 131). Au contraire, des membres de la commission du Sénat, craignant que la déchéance ne devînt le droit commun, « ont demandé s'il ne vaudrait pas mieux laisser aux tribunaux pleine liberté d'apprécier s'il y a ou s'il n'y a pas lieu de provoquer des mesures contre la puissance paternelle. Il existe aujourd'hui une jurisprudence qui a pour type l'arrêt de la Cour de cassation du 27 janvier 1879. Ne faudrait-il pas s'en tenir à cette jurisprudence » ?

« Après mûr examen, dit M. Roussel, les craintes dont nous venons de faire mention ont paru exagérées. L'énumération dont on s'effraye a plutôt un caractère limitatif; elle précise les cas où une action en déchéance pourra avoir lieu, elle est donc moins alarmante qu'une liberté absolue laissée aux tribunaux. Pour la protection des enfants des *classes riches, la jurisprudence qui se rattache à l'arrêt du 27 janvier 1879 est assurément suffisante;* mais ne faut-il pas des bases plus exactement déterminées pour organiser devant les tribunaux la protection des enfants délaissés ou maltraités des *classes indigentes* ».

Je considère ce passage des travaux préparatoires comme la preuve péremptoire, et du caractère spécial de la loi de 1889, quant aux enfants à protéger, et du maintien de la jurisprudence antérieure à la loi nouvelle.

J'ajoute que, dans la discussion publique au Sénat (mai 1883), on retrouve les idées que nous avons rencontrées dans le rapport Roussel. Un honorable

sénateur, M. Léon Clément, demandait la disparition
de tout le titre consacré à la déchéance de la puissance
paternelle. Il remarquait qu'il y avait là « une loi
dans la loi », que les règles de déchéance s'applique-
raient à toutes les familles, en sorte que, dans bien des
cas, le remède pourrait être pire que le mal. Le rapporteur fit la réponse suivante : « On dit à quelles
catégories d'enfants la loi s'applique ».

En dehors de ces arguments directs, les travaux
préparatoires vont nous fournir une réponse aux arguments de nos adversaires.

b. L'indivisibilité de la déchéance facultative a été
admise, pour la première fois, dans le projet gouver-
nemental du 22 décembre 1888. Dans les projets an-
térieurs, le juge appelé à prononcer la déchéance facultative pouvait enlever seulement au père tel ou tel
attribut de la puissance paternelle, dans la mesure
exigée par l'intérêt de l'enfant. C'est, nous l'avons vu,
sur les observations du Conseil d'Etat que la faculté
pour les tribunaux de morceler la puissance paternelle
a été écartée. Nous avons cité le passage du rapport
présenté par M. Courcelle-Seneuil, où il était dit « que
le Conseil d'Etat n'avait pas compris qu'on pût être père
à demi, ou au tiers, ou au quart ». Il y aurait eu conflit de deux puissances rivales, celle du père et celle
du tuteur. La modification proposée par le Conseil
d'Etat et les motifs qui l'appuient nous semblent par-

faitement justes. Mais l'argument que les décisions judiciaires précitées tirent de l'indivisibilité de la déchéance facultative ne nous paraît pas concluant.

En effet, quand on aura dit que la déchéance est absolue, la question que nous discutons n'aura point fait un pas. Oui, le juge appelé à statuer *sur la déchéance* dépouille le père de tous les attributs de l'autorité paternelle; mais ne peut-il pas toucher à cette autorité en dehors des cas de déchéance? tel est le problème que nous devons résoudre. Et la solution affirmative que je défends ne présente pas les inconvénients de droit et de fait qu'on a voulu éviter en édictant la règle de l'indivisibilité de la déchéance.

Inconvénient de droit... On ne peut être père à demi, au tiers, au quart, a dit le Conseil d'État. Telle eût bien été la situation d'un père déchu *pro parte* de la puissance paternelle. La déchéance est une rupture du lien civil de la puissance paternelle, c'est, avons-nous dit, une sorte de mort civile limitée à la puissance paternelle. Il n'y a pas de place, par conséquent, pour des demi-mesures; c'est tout ou rien. Dans notre système, le *principe* de la puissance paternelle n'est pas atteint par les mesures que pourraient prendre les tribunaux, lesquels enlèveraient seulement au père l'*exercice* de tel ou tel droit. Ainsi, la raison de droit qui justifie l'indivisibilité de la déchéance ne vient pas à l'encontre de l'opinion que je soutiens.

Inconvénient de fait... On a craint, avec raison, des conflits entre le père déchu de certains droits et le tuteur investi de ces mêmes droits. Mais le danger de ces conflits n'existe pas avec notre système. En effet, à la suite des mesures ordonnées par un tribunal, il n'y a pas lieu à l'organisation d'une tutelle. C'est un ascendant, un proche parent, qui aura, par exemple, la garde de l'enfant (car c'est le droit qui fait l'objet de presque tous les procès). Le père conserve la « jouissance » complète de tous les attributs de la puissance paternelle, il perd seulement l' « exercice » de l'un d'eux; l'ascendant, le proche parent, n'est qu'un « gardien » de l'enfant.

Bien différente est cette situation de fait de la condition juridique d'un tuteur investi, en fait et en droit, de tels ou tels attributs de la puissance paternelle. On comprend que des conflits auraient pu naître de ce partage de l'autorité paternelle. Par exemple, il y a telle ou telle autorisation à donner à l'enfant; il aurait fallu se demander si le droit de donner cette autorisation rentrait dans le cadre des pouvoirs conservés au père ou dans celui des pouvoirs confiés au tuteur. Rien de semblable ne se produira avec notre solution. Voici, par exemple, un enfant dont la garde est confiée à un ascendant; cet enfant a des biens personnels dont le père conserve l'administration et la jouissance. Le tribunal fixe une somme que le père devra payer annuellement aux ascendants pour subvenir aux dépenses de l'enfant; aucun conflit ne pourra naître. Quant aux conflits dont il a été parlé plus haut, ils sont exclus, par hypothèse, puisqu'il n'y a pas ici un partage des attributs de l'autorité paternelle.

Ainsi, nous ne sommes gênés ni par la raison de droit ni par la raison de fait qui justifient si pleinement l'indivisibilité de la déchéance.

On dira peut-être que la distinction que j'ai établie entre « la jouissance » et « l'exercice » des droits de puissance paternelle, pour admettre l'indivisibilité quant à la jouissance et la divisibilité quant à l'exercice, est trop théorique, et que le législateur s'inquiète peu de ces subtilités où l'école se complaît. Je pourrais répondre, d'abord, que la loi de 1889 a été préparée par d'éminents jurisconsultes familiarisés avec ces délicatesses de la langue juridique.

Mais je trouve dans le texte même de la loi une réponse topique et une preuve décisive à l'appui de mon argumentation. C'est, en premier lieu, l'article 17, 1er alinéa, *in fine,* qui distingue entre « les droits » de puissance paternelle et l' « exercice » de ces mêmes droits. Puis et surtout l'article 20 sur lequel je me permets d'attirer toute l'attention des défenseurs de la jurisprudence que je combats. D'après ce texte, ceux qui ont recueilli un enfant moralement abandonné peuvent obtenir du tribunal que « l'*exercice de tout ou*

partie des droits de la puissance paternelle leur soit
confié ». Et le texte ajoute que, dans le cas où le tribunal confère au requérant l'exercice partiel des droits
de la puissance paternelle, l'exercice des autres droits
et la jouissance de la totalité des droits de la puissance
paternelle appartiennent à l'assistance publique.

Voilà, d'une manière éclatante, je crois, la preuve,
puisée dans la loi elle-même, que le législateur a entendu admettre la divisibilité des droits de puissance
paternelle, quant à l'exercice de ces droits.

Nous pensons avoir répondu à l'argument principal
du tribunal de Saint-Quentin et de la Cour de Poitiers,
tiré de l'indivisibilité de la déchéance. Nous allons
montrer dans les lignes qui suivent combien dangereuse nous semble la voie dans laquelle la jurisprudence paraît s'engager.

3° *La loi de* 1889 *n'est pas générale.* — Nous avons
déjà fait succinctement cette démonstration en commentant le 6° de l'article 2 ; d'autre part, dans les
pages qui précèdent, nous avons dit quelles catégories
d'enfants le législateur de 1889 avait eu spécialement
en vue. On se rappelle que le texte du 6° est bien plus
étroit que celui proposé par le Conseil d'État, permettant de frapper le père de déchéance dans tous les
cas « d'abus graves de la puissance paternelle ».

En repoussant cette rédaction, le législateur a-t-il
voulu laisser sans protection les enfants victimes d'a-

bus graves de la puissance paternelle et ne rentrant pas dans les termes du 6°? On ne saurait l'admettre. N'est-il pas plus rationnel de supposer que le législateur n'a voulu attacher la déchéance qu'aux abus très graves dont parle le 6°, parce que, pour tous autres abus, la peine, c'est-à-dire la déchéance, eût été hors de proportion avec les faits à réprimer? Un abus grave de la puissance paternelle ne fait pas du père un père « indigne ». Or, ce sont les pères « indignes » seulement que le législateur a voulu atteindre par la déchéance. Cette expression « pères indignes », et rien que celle-là, se retrouve à chaque instant dans les travaux préparatoires. Et dira-t-on qu'elle embrasse toutes les hypothèses où l'intérêt de l'enfant peut être en jeu et réclamer l'intervention des tribunaux? Il nous suffira, pour établir le contraire et montrer du même coup que la jurisprudence actuelle, si elle se généralisait, sacrifierait les intérêts de l'enfant, de recourir à un exemple.

Un homme veuf avec enfants se remarie; la marâtre maltraite les enfants du premier lit, et, par une faiblesse trop fréquente chez ceux qui convolent en secondes noces, le père ne réprime pas les excès de la marâtre. Un ascendant maternel des enfants vient réclamer à la justice la garde de ces enfants. Avec la jurisprudence que nous combattons, l'ascendant ne sera pas écouté. « Il vous est loisible, lui dira-t-on, avec

l'arrêt de Poitiers, de provoquer la déchéance de la
puissance paternelle, mais alors en vous conformant
tant au fond qu'en la forme aux prescriptions de la loi
de 1889 ».

Il vous est loisible... Eh bien! non. Le père, dans
l'espèce, ne maltraite pas ses enfants, ce n'est pas un
père indigne, mais seulement un père faible qui ne
tombe pas sous le coup du 6° de l'article 2, car les
« mauvais traitements » dont parle le texte impliquent,
nous l'avons dit, le fait positif d'un père qui brutalise
ses enfants. En sorte que nul moyen légal n'existerait
d'enlever l'enfant maltraité au milieu dans lequel il se
trouve.

Et c'est ainsi que la loi de 1889, destinée à protéger
les enfants plus efficacement que par le passé, les pri-
verait de moyens de protection unanimement admis
avant cette loi. Je dis qu'une pareille conséquence suffit à condamner le système que nous combattons. Nous
pourrions aisément présenter d'autres hypothèses où
l'enfant serait sans protection avec l'idée que les tribunaux se sont faite de la loi nouvelle.

Cette loi, en organisant la déchéance, a permis aux
tribunaux de prendre, dans des cas très graves, une
mesure exeptionnelle, très rigoureuse, contre les père
et mère, mesure qu'une procédure spéciale entoure de
garanties. Mais, entre la déchéance et l'impunité des
parents, il y a des degrés que le législateur de 1889 n'a

pas entendu supprimer. Et l'on comprendra d'autant mieux que le 6° de l'article 2 ait prévu seulement les cas les plus graves pour la sécurité matérielle et morale de l'enfant, que, dans les divers projets, le droit d'intenter l'action était réservé au *ministère public seul.* C'est la commission de la Chambre des députés qui a proposé d'étendre l'exercice de l'action aux proches parents jusqu'au quatrième degré [1]. Or, l'intérêt des familles exigeait que les cas où l'action pourrait être intentée fussent graves et clairement indiqués dans la loi. Une instance trop facilement ou témérairement engagée par le ministère public aurait dépassé le but dans le premier cas et causé un scandale inutile dans le second. Le législateur, nous ne saurions trop le redire, n'a pas voulu attacher une flétrissure à de simples abus de la puissance paternelle.

La gravité de la déchéance a très justement frappé le tribunal de Toulouse, dans le jugement précité du 3 juillet 1890. Les juges se trouvaient en présence d'un père qui avait certainement abusé de son droit de correction. En l'absence de la loi de 1889, le tribunal n'aurait pas hésité à enlever les enfants au père ; en présence de la loi nouvelle, le tribunal a reculé à cause de la gravité de la déchéance.

« Attendu qu'il faut reconnaître, tout en constatant

---

(1) V. Rapport Gerville-Réache, annexes, Chambre des députés, session ordinaire de 1889, n° 3481, p. 3.

la gravité répréhensible des faits incriminés, qu'ils ne
sauraient... amener contre le docteur D... la déclara-
tion « d'indignité » qui s'attacherait à sa déchéance de
la puissance paternelle;

« Attendu, en effet, que frapper le docteur D... de
la déchéance que les époux D..., ses père et mère,
poursuivent contre lui, aurait pour conséquence inévi-
table de briser sa carrière et de ruiner son avenir en
même temps que celui de ses enfants... ».

Nous donnons à ces attendus une complète approba-
tion; mais ne renferment-ils pas la critique la plus
juste de la loi nouvelle, si celle-ci doit être considérée
comme le code complet de la puissance paternelle? Que
l'on vienne dire, ensuite, que les termes du 6° de l'article 2 sont assez larges pour permettre aux tribunaux,
par une interprétation extensive, de protéger les intérêts de l'enfant! Nous répondons, avec le tribunal de
Toulouse, que la déchéance de la puissance paternelle
est trop grave, trop profonde, pour que les tribunaux
soient facilement portés à la prononcer. Mais que devient alors l'intérêt de l'enfant?

4° *La loi de* 1889 *n'est pas impérative.* — Nous
avons montré jusqu'ici que la loi de 1889 n'avait pas
entendu supprimer le contrôle judiciaire de la puissance paternelle en dehors des textes de la loi nouvelle.
Ajoutons que cette loi, étant donnés les développements
que nous avons fournis sur sa portée sociale toute par-

ticulière et sur la gravité de la peine qu'elle prononce,
ne nous semble pas avoir un caractère impératif. C'est-
à-dire que, même dans les hypothèses limitativement
prévues par l'article 2, la famille est libre d'intenter
l'action en déchéance dans les formes prescrites par la
loi nouvelle, ou seulement de limiter sa demande à tel
attribut de la puissance paternelle, le droit de garde,
par exemple, en suivant alors la procédure de droit
commun. Pourquoi le législateur aurait-il voulu pousser les choses à l'extrême, et obliger la famille à faire
prononcer la flétrissure du père, alors que telle mesure
simplement conservatoire, suffit à sauvegarder l'intérêt de l'enfant tout en ménageant la dignité du père?
D'ailleurs, si l'on trouve que l'intérêt de l'enfant exige
la rupture du lien de puissance paternelle, le ministère public pourra toujours intenter *de plano* une action
en déchéance.

Si, comme nous le pensons, la loi de 1889 n'est pas
impérative, que deviennent les deux arguments que
nous avons relevés dans les décisions judiciaires incri-
minées? D'abord, dit-on, la loi de 1889 sera réduite
« à l'état de lettre morte » par l'exclusion dans une
demande de tel ou tel droit attaché à la puissance paternelle « fût-ce le moins important ». A quoi servi-
raient, ajoute-t-on, les « précautions et les garanties,
minutieusement réglées, dont la loi a entouré le pouvoir nouveau qu'elle donne aux juges » ?

Nous répondons : cette procédure minutieuse se comprend quand il s'agit de prononcer la déchéance, c'est-à-dire une flétrissure. En dehors de là, le droit commun continue à être appliqué.

Puis, pourquoi supposer que si les faits reprochés au père sont très graves, la famille ne recourra pas à la loi nouvelle, quant au fond et quant à la forme? Les formes de la loi de 1889 protègent très efficacement la réputation des familles, en évitant des scandales inutiles. Pourquoi donc le demandeur, s'il n'a des motifs sérieux pour ne pas se prévaloir de la loi de 1889, userait-il de subtilités pour échapper à cette loi? Je répète, enfin, que le ministère public, ayant un droit propre (art. 3), pourra, en demandant la déchéance, entourer le père « des mesures protectrices créées par la loi nouvelle ».

Le second argument, qui se rattache au même ordre d'idées, est le suivant : enlever au père le droit de garde, c'est, en réalité, le dépouiller de la puissance paternelle tout entière; c'est décapiter, découronner l'autorité paternelle. Donc, il faut employer les formes protectrices de la loi de 1889, et on ajoute que « dans les travaux préparatoires de la loi nouvelle, le législateur a eu surtout en vue le droit de garde, qu'il a considéré comme l'attribut essentiel de la puissance paternelle ».

Il est bien vrai que les travaux préparatoires de la

loi visent presque toujours le droit de garde, car c'est
le droit qui peut faire courir à l'enfant des dangers
pour sa sécurité matérielle ou morale. D'autre part, ce
droit est bien le plus beau fleuron de la couronne paternelle. Mais il ne faut rien exagérer. Nous avons dit
que la personne à qui l'enfant était confié était un simple gardien ; et nous pensons que le père peut surveil-
ler l'entretien et l'éducation (Cf. par analogie, M. Bau-
dry-Lacantinerie, *Précis de Dr. civ.*, t. I, 3ᵉ édit.,
nº 752 *in fine*) de son enfant qui peut lui être rendu
d'un moment à l'autre. Enfin, on reconnaîtra que,
parmi les droits attachés à la puissance paternelle, il y
en a certains en dehors du droit de garde, qui ont bien
quelque importance : droit de consentir au mariage,
droit à la jouissance et à l'administration légales des
biens du mineur.

Je termine cette étude, trop longue peut-être, en
disant : Si l'interprétation que j'ai présentée de la loi
de 1889 est exacte, cette loi a réalisé un progrès, il
faut la conserver ; mais si la véritable interprétation est
celle que les tribunaux ont donnée, la loi ne mérite
pas entièrement son titre, ce n'est pas une loi de protection de l'enfance, il faut la modifier ou la compléter
au plus tôt.

FIN.

TABLE DES MATIÈRES.

BAR-LE-DUC, IMPRIMERIE CONTANT-LAGUERRE.